Ingrid Dietrich

2017

Ingrid Dietrich

ST. MORITZ
INTERIORS

ST. MORITZ INTERIORS

Homestorys im Engadin

Fotografien: **Reto Guntli** *und* **Agi Simoes**
Texte: **Christine Marie Halter-Oppelt**

Mit einem Vorwort von Rolf Sachs

KNESEBECK

INHALT

12 VORWORT von Rolf Sachs

14 HINTER DICKEN MAUERN
    Marcus Bühler und Regula Ernst, Ardez

24 MIT DEM BLICK NACH INNEN
    Arnd Küchel, Sils Baselgia

34 STILLES REFUGIUM
    Arnd Küchel, Blaunca

44 HAUS DER KUNST
    Eva Presenhuber, Vnà

54 BÜHNENREIF
    Laura Sartori Rimini, Celerina

64	WO DER GUTE GESCHMACK ZU HAUSE IST Brigitte von Boch, Celerina			

64 WO DER GUTE GESCHMACK ZU HAUSE IST
Brigitte von Boch, Celerina

74 EIN ORT MIT GESCHICHTE
Rolf Sachs, St. Moritz

88 DER CHARME DES EINFACHEN
Kurt Alexander Engelhorn, Grevasalvas

96 AUF DER DURCHREISE
Giorgio Pace, Samedan

104 NOBLE VERGANGENHEIT
Miklos von Bartha, S-chanf

112 HOUSE OF STYLE
Remo Ruffini, Champfèr

122 VILLA FLOR
Ladina Florineth, S-chanf

132 EIN HAUS WIE EINE SKULPTUR
Not Vital, Ardez

142 WUNDERKAMMER
Carlo Rampazzi, St. Moritz

148 BOGNERS BLOCKHÜTTE
Willy Bogner, St. Moritz

154 AUF STEIN GEBAUT
Familie von Hessen, Tarasp

162 STILMIX FÜR FORTGESCHRITTENE
Ferdinando Brachetti Peretti, St. Moritz

168 VON DER SEINE AN DEN INN
Peter Vann, S-chanf

178 NEU UND DOCH ALT
Luca Zaniboni, Zuoz

186 DIE HANDSCHUHMACHERIN
Helen von Albertini, Ardez

194 FILM AB!
This Brunner, Samedan

206 FÜNF-STERNE-ZUHAUSE
Patricia Wolf, Silvaplana

216 IM MÄRCHENWALD
Luca Bassani, Champfèr

228 UND ES SOLLTE DOCH ST. MORITZ SEIN
Jürg Marquard, St. Moritz

VORWORT von Rolf Sachs

Dank meiner Familie, die schon seit den 1920er-Jahren ins schöne Engadin kommt, bin ich mit dem Tal und natürlich besonders mit St. Moritz eng verbunden. Ich bezeichne es oft als meine zweite Heimat – eine erste habe ich nicht.

Als kleines Kind kam ich von Lenzerheide, wo ich bei meiner Großmutter aufwuchs, oft nach St. Moritz, um meinen Vater zu besuchen. Ich erinnere mich an viele bunte und anregende Momente. Es waren die großen Zeiten des Palace, und ein ebenso wichtiger Teil des gesellschaftlichen Lebens spielte sich auf der Cresta- und der Bobbahn ab. Mit zwölf ging ich dann auf das Lyzeum in Zuoz, wo ich eine unvergessliche Schulzeit hatte. Ich fühlte mich geborgen und weit weg von den Gefahren der großen, weiten Welt, hatte aber nie das Gefühl von Einsamkeit. St. Moritz mit all seinen Facetten war ja in der Nähe. Über die Jahre entwickelte ich eine enge Beziehung nicht nur zu dem Tal, seinem besonderen Licht und allem, was das Engadin sonst noch ausmacht, sondern auch zu den Menschen. Ich gewann viele Freunde, die ich in der Schule und später in St. Moritz kennen- und schätzen lernte.

Leider gibt es zu wenige Ferienreisende, die das echte St. Moritz kennen. Die Medien zeigen Menschen mit Pelzmänteln, Champagnergläsern und geschorenen Pudeln, die ich, außer an bestimmten Tagen, hier nie sehe. Das wahre St. Moritz ist das, welches durch einen sportlichen, humorvollen und stilreichen Geist lebt, der über das 20. Jahrhundert stark durch die Engländer geprägt wurde. Damit einher gehen eine gewisse Lässigkeit, Nonchalance und das Fairplay des Gentlemans. St. Moritz besitzt etwas, das nur wenige Sport- oder Ferienorte haben: einen besonderen Reichtum, der aus einer langen Tradition erwachsen ist. Für viele, die das Glück haben, das wahre St. Moritz erleben zu dürfen, sind die Tage, die sie dort verbringen, von besonderer Qualität. Kameradschaft, Lebensfreude und Exzentrik lassen einen für Momente aus dem Alltag ausbrechen.

Ich hatte das große Glück, mein außergewöhnliches Haus vor 15 Jahren auf einer Kutschenfahrt mit meiner Frau Maryam zu entdecken. Auf dem Weg von Chantarella ins Tal blickte ich über das Dorf hinweg und sah ganz hinten diesen kleinen rosa Punkt. Natürlich kannte ich das verfallene Olympiagebäude seit Jahren. Stets packte mich eine gewisse Melancholie, wenn ich die Ruine sah. Noch am selben Nachmittag besuchte ich die alten Freunde, denen das Land, auf dem das Haus steht, gehörte, und fragte sie, ob ich die Ruine kaufen könne. Sie wollten nicht verkaufen, boten mir aber eine Erbpacht an. Allerdings müsste ich mich um die Genehmigungen bemühen. Es begann ein langer Kampf mit den Behörden und mit den Gegnern des Projekts. Er endete mit einem Referendum der St. Moritzer Bevölkerung. Dank meines Status als Halbeinheimischer konnte ich die Abstimmung gewinnen. Seitdem ist das Haus für meine Familie und mich ein besonderer Ort, an dem wir regelmäßig zusammenkommen – nicht nur zu Weihnachten. Dass wir es im letzten Jahr sogar kaufen konnten, war ein unerwartetes Geschenk für uns.

Die Vielfalt der Architektur und der oft ganz unterschiedliche Charakter der Häuser hier ermöglichen die verschiedenartigsten Lebensentwürfe. Das Nebeneinander, das daraus entsteht, resultiert aus dem freien Geist, der im Engadin wie nirgends sonst zum Tragen kommt. Ich fühle mich sehr mit St. Moritz verbunden und bin stets darauf bedacht, dass es im richtigen Licht gesehen wird. Darum wünsche ich mir, dass dieser Ort, der gerne »Top of the World« genannt wird, auch weiterhin vor Lebensfreude sprüht.

Ardez

HINTER DICKEN MAUERN

In einem fachkundig und eigenwillig restaurierten, fast 400 Jahre alten Engadiner Haus im Ortskern von Ardez fand ein Paar aus Zug seine zweite Heimat.

Manchmal knackst es im Haus. Hell und gut vernehmbar. Dann schmunzeln sich Marcus Bühler und Regula Ernst zu. Möglicherweise sitzen sie gerade beim Nachmittagstee in der Stüva, wie die Stube auf Rätoromanisch heißt, und sprechen von ihrem guten Geist, der sich regelmäßig meldet. Fast drei Jahre ist es her, dass sie das große, alte Haus von 1624 im Dorfkern von Ardez bezogen haben. Nur einen Monat Zeit gab sich das Paar zum Einrichten. »Wir wollten kein Provisorium. Alles sollte so schnell wie möglich fertig sein, damit das Gefühl des Zu-Hause-Seins einkehrt«, sagt der Hausherr. Zwar waren noch einige kleine Reparaturen und Umbauten nötig – der weiße Epoxidharzboden im zweiten Stock musste erneuert, das Geländer in der Scheune aus Sicherheitsgründen verglast und ein undichtes Holzwaschbecken im Badezimmer durch einen grauen Steintrog ersetzt werden –, doch das war auch schon alles.

Die eigentliche Renovierung des alten Engadinerhauses lag bereits sechs Jahre zurück. Die Vorbesitzerin war das große Wagnis eingegangen, ein zum damaligen Zeitpunkt 60 Jahre lang leerstehendes und als Lager genutztes Haus wieder in ein bewohnbares und heutigen Ansprüchen genügendes Domizil umzuwandeln. Wie gut ihr das gelang, sieht und spürt jeder, der durch die Tür tritt: Alles Erhaltenswerte wurde belassen; neue Elemente kamen nur dort hinzu, wo sie aus praktischen Erwägungen unumgänglich waren oder historisch Gewachsenes ergänzen. So blieben beispielsweise die alten Holzbohlen im Sulèr, dem Flur, der in früheren Zeiten als Zufahrt zur Scheune, zum Hühnerstall, zum Abstell- und Arbeitsraum diente, unangetastet, obwohl sich zwischen ihnen teils fingerbreite Spalten auftun, durch die man ins darunterliegende Kellergeschoss blicken kann. Zur Stabilisierung wurde eine breite Bahn aus hellen Tannenholzdielen auf dem alten Boden verlegt, die als gestalterisches Element zugleich die Länge des Raumes betont. Ein parallel dazu verlaufendes Regal aus Rohstahl ist an die Wand montiert. Vier darauf positionierte Leuchten strahlen gegen das kunstvolle Kreuzgewölbe. An der gegenüberliegenden Seite stehen puristische Chromleuchten mit Leuchtstoffröhren, die einst von der französischen Gestalterin Eileen Gray entworfen wurden und das erste Indiz für den exquisiten Möbelgeschmack der Hausherren sind.

Die Ideen für den Umbau und die ungewöhnliche Materialwahl stammen von dem Engadiner Architekten Duri Vital. Er hat sich auf die Restaurierung alter Engadinerhäuser spezialisiert und schon vielen verlassenen Gemäuern ihre Würde und Anmut

AN DER AUSSTATTUNG UND GÜTE DER ARVENHOLZEINBAUTEN ERKANNTE MAN DEN WOHLSTAND IHRER BESITZER.

Vorhergehende Doppelseite: Durch den Sulèr gelangt man noch heute von der Eingangstüre direkt in das Stallgebäude.
Linke Seite: Im Vorraum zur Küche und zur gemütlichen Stube im ersten Stock steht eine rustikale Sitzgruppe.
Oben: Die Stüva ist, wie im Engadin üblich, ganz mit Arvenholz ausgekleidet. Das Büfett trägt liebliche Malereien.
Rechts: An der Wand zur Küche ist der Ofen eingebaut. Darüber befindet sich noch die alte Luke, die in die Schlafkammer führt.

zurückgegeben. Der Aufgang vom Eingangsbereich in die erste Etage trägt seine Handschrift: Er ersetzte die ausgetretenen Stufen durch ein geschwärztes Eisenband als Treppe. Der Boden des Treppenabsatzes wurde zwischen den alten Holzbalken, die nun ein schönes Muster bilden, mit Beton ausgegossen. Von diesem Vorraum, der mit einem antiken Bauerntisch und Stühlen möbliert ist, gehen die Stube, die Küche und ein Badezimmer ab, das eine hölzerne, wie eine Skulptur anmutende Badewanne beherbergt und gänzlich neu konzipiert wurde. Solche Annehmlichkeiten konnten sich die armen Bauern des Engadins bis weit ins 20. Jahrhundert hinein kaum leisten. Das rußgeschwärzte Tonnengewölbe in der Küche soll ganz bewusst daran erinnern, dass hier früher über offenem Feuer gekocht und geräuchert wurde. Im Kontrast dazu besitzen die Einbaumöbel blendend weiße Fronten. Die Arbeitsplatte besteht aus Edelstahl.

Wer in der Stüva Platz nehmen darf, ist in das Herz des Hauses vorgedrungen. Für die Bauern war dieser Raum von zentraler Bedeutung, denn hier stand oft der einzige Ofen. Um ihn versammelte sich die Familie, es wurde gegessen, getrunken, gehandarbeitet und Wäsche getrocknet. An der Ausstattung und Güte der Arvenholzeinbauten ließ sich ablesen, wie wohlhabend die Besitzer waren. Über dem Ofen befand sich eine über eine Stiege zugängliche kleine Luke, durch die sich einst alle Familienmitglieder in den darüberliegenden Raum zwängten. »Unser Nachbar hat uns einmal erzählt, dass er als Kind mit acht anderen Personen in einer solchen Kammer geschlafen hat«, weiß das Paar zu berichten.

Heute erreicht man das zweite Geschoss über eine großzügige Treppe. Der alte Schlafraum und eine ehemalige Knechtkammer dienen als Gästezimmer. Sie sind mit Bauernmöbeln gemütlich ein-

Oben: Die niedrige Schlafkammer der Bauernfamilie ist heute ein Gästezimmer. Ihre rohen Wände wurden in Blockbauweise aufgestellt und mit einfachen Mustern bemalt.
Rechte Seite: Im Badezimmer liegt ein glänzender, schwarzer Epoxidharzboden. Die Wanne aus altem Lärchenholz ist mit Schiffslack versiegelt.

Oben: Auf der Schlafkammer sitzt die ehemalige Knechtekammer, die über eine Holztreppe zu erreichen war. Daneben liegt das neu eingebaute, moderne Schlafzimmer des Paares.
Rechts: Der Arbeitsplatz wurde in der zweiten Etage untergebracht. Durch eine Glasscheibe sieht man in die Scheune.
Rechte Seite: Vis-à-vis von Schreibtisch und Regal steht ein bequemes graues Ecksofa und ein Le-Corbusier-Sessel mit violettem Filzbezug.

gerichtet, doch ihre Decken sind so niedrig, dass ein Erwachsener von durchschnittlicher Körpergröße kaum aufrecht darin stehen kann. Auch beim Eintreten heißt es, den Kopf einzuziehen. Das nebenan liegende Schlafzimmer der Hausbesitzer hat normale Raumhöhe und besitzt ein integriertes Duschbad. Ansonsten blieb die oberste Etage bis zum Dachstuhl offen – ein wunderbarer Ort für eine gemütliche Leseecke, möbliert mit einem Le-Corbusier-Sessel mit violettem Bezug und einem grauen Sofa von B&B Italia. Die passende Lektüre steht in einem großen, entlang der Seitenwand eingebauten Holzregal bereit. Davor steht ein schwarzer Schreibtisch, der bei Bedarf von einer mächtigen Deckenleuchte erhellt wird.

Die Fassade ist mit Sgraffito gestaltet – einer für das Engadin typischen Putztechnik, bei der Verzierungen in den feuchten Putz gekratzt werden. Um mehr Tageslicht in das Haus zu lassen, das wegen der kalten Winter nur sehr kleine Fenster besitzt, bediente sich der Architekt eines Kunstgriffs: Er öffnete die hintere, zur alten Scheune gelegene Hauswand, indem er elektrisch steuerbare Glasschiebetüren und Fenster einsetzte. Auch die Holzfassade der Scheune versah er mit großen Öffnungen. Das anfallende Holz verarbeitete er zu Läden, sodass der Originalzustand zumindest optisch jederzeit wiederhergestellt werden kann. Bei schönem Wetter dient der zwölf Meter hohe Holzbau auf drei Etagen nun als offener Sitzplatz. Sogar eine raffinierte, vom Hausherr selbst entworfene Bar wurde hier integriert: Sie sieht aus wie ein großer Wandschrank und enthält gekühlte Getränke. Wird sie geöffnet, geht innen das Licht an. Auf derselben Etage gruppieren sich orangefarbene

Arne-Jacobsen-Stühle um einen alten Störmetzgertisch. Und auf einer kleinen Empore darüber stehen bequeme Polsterbänke, von denen aus man den Ausblick auf die gegenüberliegende Talseite genießen kann.

Die Entscheidung für dieses Anwesen in Ardez fällten die in Zug ansässigen Hausbesitzer nach einer eingehenden Analyse ihrer Erwartungen an einen Zweitwohnsitz. Auch ihre lebenslange Verbundenheit mit dem Engadin spielte eine Rolle. Dass sie schließlich das Unterengadin wählten, verdankte sich nicht zuletzt einer schicksalhaften Begegnung: »Wir standen an einem der Brunnen in Ardez, als uns ein alter Mann ansprach und sich anbot, uns ein wenig herumzuführen. Er hatte eine Plastiktüte in der Hand. Irgendwann zeigte er uns die reifen Mirabellen, die er, so beteuerte er, gerade gepflückt habe. Wir waren völlig überrascht, dass in den Bergen Mirabellen gediehen. Auf Nachfrage erfuhren wir jedoch, dass in dem einzigartigen Mikroklima von Ardez sogar Artischocken wachsen«, erzählt Marcus Bühler.

Ein paar Wochen später kamen sie – ob durch Zufall oder Glück, sei dahingestellt – in Kontakt zur ehemaligen Besitzerin ihres Hauses. Es vergingen eineinhalb Jahre, längst waren sie eingezogen. Da klopfte es eines Morgens kurz nach Neujahr 2012 an der Tür. Als sie öffneten, stand da der alte Mann, der sie herumgeführt hatte, und meinte, er sei in diesem Haus einmal Knecht gewesen und wolle schauen, wie es nun aussehe. Das Ehepaar bat ihn einzutreten. Die drei saßen schließlich mehrere Stunden in der Stube zusammen, und das einst fast dem Vergessen anheimgefallene Haus hatte am Ende auch seine Geschichte zurückbekommen.

DIE ZWÖLF METER HOHE SCHEUNE DIENT BEI SCHÖNEM WETTER AUF DREI ETAGEN ALS AUSSENSITZPLATZ.

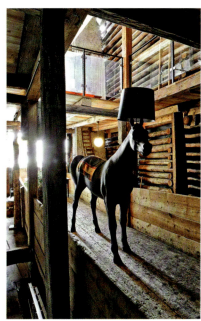

Linke Seite: Das erste Scheunengeschoss hält eine Überraschung bereit: ein frei stehender Barschrank mit gekühlten Getränken, Gläsern und farbigem Licht.
Oben: Der Blick aus dem Scheunenfenster fällt auf Nachbarhäuser und die darüberliegende Ruine Steinsberg.
Rechts: In der Fortsetzung des Sulèrs fand eine Designikone ihren Platz: die »Horse Lamp« von Moooi.

Sils Baselgia

MIT DEM BLICK NACH INNEN

Der Engadiner Architekt Arnd Küchel
baute für sich und seine Familie ein Haus im Silser
Ortsteil Baselgia, das formale Reduktion
und luxuriösen Wohnstil harmonisch vereint.

Es ist nur ein schmales Stück Land, das den Silvaplanasee und den Silsersee voneinander trennt, eine Ebene, der von jeher besondere Eigenschaften nachgesagt werden. Die Einheimischen sprechen von einem »Kraftort«, dessen Energie sich sogar messen ließe. Auch wer das nicht zu glauben vermag, ist überwältigt, denn die Magie der Engadiner Berglandschaft schlägt jeden in ihren Bann. Selbst Arnd Küchel spricht immer wieder davon, wie viel »Stärke« ihm sein Wohnort Sils Maria gebe. Vor einigen Jahren baute er im Ortsteil Baselgia ein Haus für sich und seine Familie. Der Architekt unterhält das größte Architekturbüro im nahe gelegenen St. Moritz. Schon kurz nachdem er sich 1991 direkt im Anschluss an sein Studium in Lausanne und an der ETH Zürich in dem Ferienort niedergelassen hatte, wurde er mit dem Rückbau der bis dahin von Gunter Sachs bewohnten Turmsuite des Palace Hotels beauftragt. Vor drei Jahren baute er

für dessen Sohn Rolf Sachs das historische Stadiongebäude der Olympischen Winterspiele von 1928 zum Wohnhaus um. Seine Kundenliste enthält noch weitere prominente Namen, darunter auch die der beiden Mailänder Modemacher Giorgio Armani und Remo Ruffini. Internationale Anerkennung brachte Arnd Küchel nicht zuletzt die Zusammenarbeit mit dem britischen Stararchitekten Norman Foster, mit dem er in den letzten Jahren mehrere spektakuläre Projekte in der Schweiz realisierte.

Eher leise Töne schlägt der Architekt, der schon als kleiner Junge ins Engadin kam, bei seinem eigenen Haus an. »Wir leben sehr zurückgezogen und im Einklang mit unserer Umgebung.« Das 2800 Quadratmeter große Grundstück, auf dem der Neubau steht, grenzt auf einer Seite an eine große, unbebaute Wiese in der Silser Ebene. Ganz unprätentiös schmiegt sich der auf geometrische Grundformen reduzierte Bau in das flache Gelände. Er besteht aus einem zweistöckigen Kubus mit Satteldach und einem eingeschossigen, flachen Anbau. Der untere Teil der Fassade ist mit braunem Lusernastein verkleidet, das obere, leicht vorspringende Stockwerk mit Lärchenholz. Zur Straße und nach Nordwesten hin wirkt das Haus eher verschlossen. Hier gibt es nur wenige Fenster. Die hölzerne Haustür unterstreicht diesen zurückhaltenden Charakter. Wie bei alten Engadiner Häusern üblich, können Besucher durch eine Luke begrüßt werden.

Vorhergehende Doppelseite: Das formal schlichte Wohnhaus steht direkt an einer großen Wiese.
Oben: Der Eingangsbereich mit der Treppe ins Ober- und Untergeschoss ist unmöbliert. Nur ein schwarz-weißes Kuhfell und ein Kunstwerk von Mauro Perucchetti setzen Akzente.

Rechte Seite: Die Bulthaup-Küche besitzt Fronten aus Edelstahl und Kastanienholz. An dem langen Esstisch haben nicht nur die vier Familienmitglieder, sondern auch viele Gäste Platz.
Unten: Die Pendelleuchten »Fucsia« aus mundgeblasenem Glas entwarf Achille Castiglioni für Flos.

Wer Zutritt erhält, gelangt in einen großzügigen Eingangsbereich mit einem an der Decke entlanglaufenden Lichtband, das den Raum ringsum indirekt beleuchtet. Eingelassene Spots setzen zusätzliche Lichtakzente. In dem völlig unmöblierten Raum zieht ein Werk des italienischen Künstlers Mauro Perucchetti, das ganz am Ende in einer Nische hängt, alle Augen auf sich.

Von hier aus wird das Gebäude, das über 800 Quadratmeter Wohnfläche verfügt, erschlossen. Die beiden Söhne haben im Erdgeschoss ihre Zimmer. Treppen führen nach oben und nach unten, durch einen Durchgang gelangt man in den Anbau, der eine große Bulthaup-Küche mit Kastanienholz- und Edelstahlfronten sowie einem langen, auf Rollen montierten Tisch mit roten Beinen beherbergt. Eine von Wand zu Wand reichende Sitzbank mit hoher Rückenlehne

dient zugleich als Konsole für eine Fotoserie mit Alpensujets. Die maßgefertigten Möbel entwarf der Architekt selbst. Schwarze Stühle von Arne Jacobsen ergänzen das Ensemble.

Nach Südosten hin gibt sich das Haus offener. Vom Wohnzimmer im ersten Stock aus blickt man durch ein großes, dreiteiliges Fenster über die Wiese hinweg auf Sils Maria mit dem erhöht liegenden Waldhotel und dem sich dahinter auftürmenden 3451 Meter hohen Piz Corvatsch. Die bewusste Konzentration auf ein Fenster steigert die Raumdramaturgie ungemein. Das Panorama wird zum Triptychon. Die Wände sind mit historischen Schwarz-Weiß-Fotografien geschmückt – Momentaufnahmen aus einer anderen Zeit. Von einer großzügigen Sitzgruppe aus, die der mit Arnd Küchel befreundete italienische Designer Antonio Citterio entwarf, lässt sich bequem beobachten, was draußen vor sich geht. Ein zweites Sofa steht vor einem offenen Kamin aus geschwärztem Stahl. Die Kaminverkleidung zieht sich wie ein dunkles Band an der Wand entlang. In die Sockelzone ist ein Fach für Brennholz eingearbeitet. Mit Kuhfell bezogene Sessel und Kissenbezüge aus Fuchspelz verleihen dem Raum die Wärme und Behaglichkeit, nach der ein Haus in den Bergen verlangt.

Vor der gegenüberliegenden Wand stehen ein massiver Tisch aus roh belassenem Holz – ein weiterer Entwurf des Architekten – und ein alter Engadiner Stuhl, deren archaische Ausstrahlung von drei dazu arrangierten Charles-Eames-Stühlen gebrochen wird. Ein bis zum Boden reichendes, fast quadratisches Fenster setzt auch hier einen optischen Akzent und inszeniert das Ensemble vor der Kulisse des Bergorts. Der Raum reicht bis unters Dach und besitzt eine

KUHFELL UND FUCHSPELZ GEBEN DEM RAUM DIE WÄRME UND BEHAGLICHKEIT, NACH DER EIN HAUS IN DEN BERGEN VERLANGT.

Linke Seite: Wer ein kuscheliges Ruheplätzchen sucht, lässt sich vor dem offenen Kamin auf dem Sofa »Groundpiece« von Flexform nieder. Das Feuerholz liegt immer griffbereit.
Oben: Im ersten Stock erstreckt sich der Wohnraum über die ganze Länge des Hauses. Auf der Galerie sind Fernseher und Musikanlage untergebracht.
Rechts: Ein harmonisches Ensemble aus alten Bauernmöbeln und modernen Klassikern.

Oben: Im ersten Stock ist Lärchenholz das prägende Stilelement. Die Loggia unter dem Giebel grenzt an das Schlafzimmer und den Salon.
Rechts: Kissenbezüge und Tagesdecken aus Fuchsfell schmücken das Bett.
Rechte Seite: Im Untergeschoss befindet sich ein großer Aufenthaltsraum mit Werkbank, holzverkleideten Einbauschränken und Kino.

ARND KÜCHEL SCHUF GANZ BEWUSST
ZONEN, DIE AUSBLICKE GEBEN UND ZONEN,
DIE DEN BLICK NACH INNEN LENKEN.

Holzdecke, an deren Rand ein farbiges Lichtband entlangläuft. Auf der rückwärtigen Seite erstreckt sich eine praktische Galerie, auf der die Unterhaltungselektronik untergebracht ist, bis zur Raummitte. Die beiden Söhne halten sich gerne hier auf. Unter der Galerie, etwas nach hinten versetzt, liegen das Bad und das Elternschlafzimmer. Tageslicht fällt nur durch eine Loggia an der Giebelseite und drei schmale Fenster in die Räume. Arnd Küchel schuf ganz bewusst Zonen, die Ausblicke ermöglichen und Zonen, die den Blick nach innen lenken.

Es gibt nur wenig Überflüssiges. »Das Haus ist voller Einbauschränke, in denen alles verstaut werden kann«, erklärt der Architekt. Das Untergeschoss lässt sich vielseitig nutzen. Es gibt einen großen Aufenthaltsraum mit praktischen Arbeitstischen zum Basteln und Handwerken sowie einer gemütlichen Sitzlandschaft in Rot. Das eigentliche Schmuckstück des Untergeschosses ist allerdings der Weinkeller mit einem effektvollen Flaschenregal aus grünem Glas.

Ehe er das Haus errichtete, ließ Arnd Küchel das Grundstück von einem Wünschelrutengänger nach Wasseradern absuchen. So konnte er die Zimmer nach energetischen Gesichtspunkten anordnen. Zudem war es ihm wichtig, so schadstoffarm wie möglich zu bauen. Im Untergeschoss bestehen die Wände aus Beton, die restlichen Stockwerke wurden in Holzständerbauweise errichtet. Alle Wände sind mit Schafwolle gedämmt. Elektrokabel wurden möglichst sparsam verlegt und Steckdosen nur da installiert, wo sie tatsächlich gebraucht werden. In der Nähe der Betten verzichtete Arnd Küchel ganz auf Elektroinstallationen. Statt Halogenleuchten wählte er konventionelle Glühbirnen. Selbst die Eichenholzdielen sind auf traditionelle Art verzapft und verschraubt. Die Heizenergie wird mittels einer Wärmepumpe mit Erdsonde gewonnen, und das Wasser fließt durch gesundheitlich unbedenkliche Chromstahlleitungen.

Arnd Küchel glaubt fest daran, dass diese Maßnahmen die Wohn- und Lebensqualität verbessern, und meint: »Ich fühle mich hier stärker als anderswo. Dieser Ort hat mir immer geholfen.« Und zudem ist der Ort eine Inspirationsquelle für gute Architektur.

Blaunca

STILLES REFUGIUM

In einer kargen Landschaft auf 2000 Metern Höhe
liegt ein Weiler wie aus einer anderen Zeit.
In Blaunca hat sich Arnd Küchel seinen Traum von
einer märchenhaften Berghütte erfüllt.

Arnd Küchel steuert seinen Geländewagen vom Silsersee über Plaun da Lej durch den Wald. Wenige hundert Meter oberhalb der Baumgrenze erreicht er den Weiler Grevasalvas. Eine Handvoll Häuser steht dicht gedrängt nebeneinander. Die Fahrt geht weiter, vorbei an Wiesen, die so kurz nach der Schneeschmelze noch braun sind. Hier und da liegen mit Flechten bewachsene Felsbrocken. Dann kommt Blaunca, das Ziel. Auch hier herrscht Stille. Arnd Küchel nimmt die 20-minütige Fahrt von seinem Wohnort Sils Maria auch zwischendurch gerne auf sich. Das alte Haus, das er vor ein paar Jahren kaufte und liebevoll renovierte, hat eine ganz besondere Lage: Es thront zu einem guten Teil auf einem Felsen. Das unterscheidet es schon von außen von den Gebäuden ringsum. Beim Überschreiten der Türschwelle wähnt man sich dann gänzlich in einer anderen Welt.

Das gemauerte Erdgeschoss, das einmal den Stall und den einzigen beheizbaren Raum beherbergte, dient heute als Entree. Hier finden sich sämtliche Requisiten, die man mit den Bergen assoziiert: Skier, Schneeschuhe, Schlitten, alte Hocker und ein alter Tisch, Kuhfelle, ein kleiner offener Kamin und Feuerholz. Im hinteren, in den Berg hineingebauten Teil des Hauses liegt ganz versteckt ein schmaler Raum. Er wird fast gänzlich von einem sechs Meter langen Bett eingenommen, das von Wand zu Wand reicht. Unter einer rotbraunen Fuchsdecke verbergen sich karierte Kissen und Daunenbetten. Das sich anschließende schlichte Duschbad ist ganz mit grauen Granitplatten ausgekleidet und wirkt dadurch wie eine dunkle Felsspalte.

Über eine schlichte Eisentreppe ohne Geländer gelangt man in den oberen, aus einem einzigen Raum bestehenden Stock. Hier wurde einst das Heu gelagert. Die luftige Holzkonstruktion ließ Kälte und Wind herein. Um den ursprünglichen Charme dieser Bauweise zu erhalten, verblendete der Architekt die Holzwände von innen mit großen, in Metallrahmen eingelassenen Glasscheiben. Auf Fenster verzichtete er bewusst, denn durch die Spalten zwischen den alten Holzbrettern dringt genug Licht ins Haus. An der Giebelseite führt eine zweiflügelige Tür auf einen hölzernen Balkon. Von dort aus hat man einen atemberaubenden Blick auf das Tal, den Silsersee und das Bergpanorama.

Eigentlich kommt der Architekt am liebsten allein nach Blaunca, doch seitdem seine Freunde wissen, welches Kleinod in den Bergen er besitzt, laden sie sich regelmäßig selbst ein. Dann wird an der lang gestreckten Küheninsel mit Stahlaufsatz ein uriges

DER ARCHITEKT GENIESST
DIE RUHE UND ABGESCHIEDENHEIT
DES BERGWEILERS AUCH EIN-
FACH MAL FÜR ZWISCHENDURCH.

Vorhergehende Doppelseite: Von der Siedlung Blaunca aus fällt der Blick auf den blauen Silsersee auf das 3451 Meter hohe Corvatsch-Massiv.
Linke Seite: Die alten Häuser stehen dicht nebeneinander – als wollten sie sich gegenseitig schützen.
Oben: Durch die Eingangstüre betritt man einen gemütlichen Aufenthaltsraum mit weißen Wänden, rustikaler Sitzecke und offenem Kamin.
Rechts: Unter der alten Holzdecke hängen antike schmiedeeiserne Haken, die als Garderobe genutzt werden.

SEITDEM ARND KÜCHELS FREUNDE WISSEN, WELCHES KLEINOD ER IN DEN BERGEN BESITZT, LADEN SIE SICH REGELMÄSSIG SELBST EIN.

Oben: Der Schlafraum im hinteren Teil des Untergeschosses bietet ein sechs Meter langes Bett mit durchgehender Fuchsdecke und -kissen.
Links: Das Duschbad gleich nebenan vereint grauen Granit mit altem Holz.
Rechte Seite: Vor dem Kamin stehen die von Charles und Ray Eames entworfenen Sessel aus der »Plywood Group«, die bei Vitra produziert werden. Die Stehleuchte mit Metallfuß und Glasschirm stammt von Vincenzo de Cotiis.

Unten: Die Eisentreppe wirkt als skulpturales Element im Raum. Sie gibt dem Brennholz Halt und führt in das obere Stockwerk der Hütte.
Rechts: Der Raum unter den offenliegenden Dachbalken wird von einem schwarzen Kamin dominiert.

Menu zubereitet. Auch fehlt es nie an edlen Tropfen. Das Essen wird an einem langen Holztisch eingenommen, den der Architekt selbst entworfen hat. Dann folgt der gemütliche Teil, für den man sich auf einem maßgefertigten, mit Fuchsfell bezogenen und mit vielen weichen Kissen ausgestatteten Sofa niederlässt.

Einst war das Leben in Blaunca einfach und hart. Die Bergeller Bauern, die hier die Sommer verbrachten, lebten mit der Natur. Obwohl Arnd Küchel Modernisierungen vornahm und seine Hütte relativ luxuriös ausstattete, ist es ihm gelungen, die Erinnerung an die Geschichte zu bewahren. Seine Eingriffe haben die Seele des Hauses nicht beschädigt. In den Steinen und in dem verwitterten Holz ist sie noch immer lebendig.

IM OBERGESCHOSS WURDE EINST DAS HEU GELAGERT, DURCH DIE LUFTIGE HOLZKONSTRUKTION ZOGEN WIND UND WETTER.

Linke Seite: Rund um den Esstisch verläuft eine Bank mit Polsterkissen und puristischen Holzhockern.
Oben: Auch Küche und Kühlschrank sind mit schwarzem Stahl verkleidet. Durch die bodentiefen Fenster sieht man die alten Holzlatten, die früher als Lüftung für das Heu dienten.
Rechts: Bergstillleben à la Küchel: Walnüsse und Single-Malt-Whisky aus kostbaren Zinnbechern.

Vnà

HAUS DER KUNST

Eine überraschende Synthese im Unterengadin:
Das moderne Betonhaus der Zürcher
Galeristin Eva Presenhuber setzt Kunst in Beziehung
zur Architektur.

Sie hielt es nie für nötig, den Führerschein zu machen. Nicht, als sie 18 wurde, und auch später nicht. Nicht um der Bequemlichkeit und nicht um der Freiheit willen. Erst als sich Eva Presenhuber ein Haus in Vnà, einem abgelegenen, 60 Seelen zählenden Bergdorf im Unterengadin baute, war der Moment gekommen: Mit 46 Jahren nahm sie ihre ersten Fahrstunden. Die Jungfernfahrt nach der bestandenen Prüfung führte sie durch dichtes Schneegestöber in ihr soeben fertiggestelltes Haus. Doch beginnen wir von vorne.

Vor über 20 Jahren kam die passionierte Galeristin nach ihrem Kunststudium in Graz und Wien nach Zürich. Ihr Talent als Netzwerkerin und ihr gutes Auge prädestinierten sie für die Leitung des Walcheturm, den sie als Treffpunkt der jungen Schweizer Kunstszene etablierte. Sie war eine der Ersten, die Peter Fischli und David Weiss ausstellten – ein Künst-

lerduo, das sie auch später in ihrer eigenen Galerie vertrat. Dazu kamen im Laufe der Jahre viele weitere Künstlerinnen und Künstler wie Doug Aitken, Ugo Rondinone, Urs Fischer, Valentin Carron, Oscar Tuazon, Joe Bradley, Marina Eichhorn, Dieter Roth und Angela Bulloch. Eva Presenhuber zählt zu den international wichtigsten Galeristinnen der Gegenwart. Sie gehört dem »Art Basel Committee« an und stellt auf allen großen Kunstmessen weltweit aus. Vor zwei Jahren bezog ihre Galerie im historischen Fabrikgebäude »Diagonal« im Trendquartier Zürich-West auf zwei Etagen neue Räume. Direkt nebenan schraubt sich der »Prime Tower«, das höchste Gebäude der Stadt, in den Himmel. »Die neue Adresse ist ein Glücksfall«, sagt die heute 52-Jährige, die mit dem Umzug einmal mehr unter Beweis stellte, dass sie ein feines Gespür für Trends hat und es versteht, zur richtigen Zeit am richtigen Ort zu sein.

Ähnlich intuitiv ging Eva Presenhuber auch den Bau ihres Hauses in Vnà an. Vor ein paar Jahren rief sie ein befreundeter Grafiker an und fragte sie, ob sie am Wochenende vorbeikommen wolle. Er habe ein Haus in den Bergen gemietet. Sie kam – und wäre gerne geblieben, so schön fand sie den kleinen Ort und die unberührte Natur ringsum. »Hier oben gibt es Insekten und Pflanzenarten, die nirgendwo sonst auf der Welt vorkommen«, erklärt sie begeistert. Sogleich bemühte sie sich darum, das alte Haus für das ganze folgende Jahr zu mieten. Tatsächlich gelang es ihr, den Besitzer Chasper Mischol zu überreden. Einige Zeit später fragte sie ihren Vermieter, ob er ihr sein Haus nicht verkaufen wolle. Da er sich in Schweigen hüllte, lud sie ihn kurzerhand zum Essen ein. Da gab er ihr eine überraschende Antwort: »Du willst doch sicher lieber etwas Eigenes bauen. Ich habe da ein Grundstück hinter dem Haus. Das ist Bauland, das kann ich dir verkaufen.« Sie solle ihm eine Offerte machen, dann würde man sehen. Die Galeristin tat, wie ihr geheißen – und das Warten begann. »Die Menschen hier oben brauchen etwas mehr Zeit«, stellt sie fest. Sie selbst stürzte sich sogleich in medias res: Obwohl sie noch keinen Zuschlag für das Grundstück hatte, beauftragte sie die befreundeten Zürcher Architekten Andreas Fuhri-

Vorhergehende Doppelseite: Die Eingangshalle des Hauses dient gleichzeitig als Galerieraum. An den grauen Wänden hängen Werke von Valentin Carron und Oscar Tuazon.
Linke Seite: Hinter der Haustüre liegt eine kleine Treppe, die sich im Anschluss zur Sitzbank ausformt.
Oben: Das Schlafzimmer wurde zum Teil mit Sperrholzplatten verkleidet. Weiches Lammfell gibt den rohen Materialien Wärme.
Links: Die Badewanne liegt hinter der Wand, an der das Bett steht.

»DU WILLST DOCH SICHER LIEBER ETWAS EIGENES BAUEN. ICH HABE DA EIN GRUNDSTÜCK HINTER DEM HAUS. DAS IST BAULAND, DAS KANN ICH DIR VERKAUFEN.«

Linke Seite: Die Möbel in den Schlafzimmern, wie auch alle anderen Einbauten, wurden vom Zürcher Architekten-Duo entworfen.
Rechts: Das Treppenhaus liegt im Kern des Gebäudes. Es erschließt die erste Etage, auf der die Schlafzimmer untergebracht sind, und führt in den großen Wohnraum mit offener Küche unter der Dachschräge.
Unten: Vor dem Küchenfenster liegt – einem Gemälde gleich – das Bergdorf Vnà auf 1630 Metern Höhe.

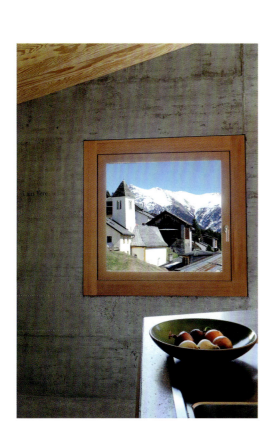

EVA PRESENHUBER, VNÀ 49

mann und Gabrielle Hächler, ein Haus zu entwerfen. Der Plan war verwegen: Sobald das Grundstück in ihren Besitz übergegangen war, sollten die Bauarbeiten beginnen.

Also verschafften sich die Architekten Einsicht in den Kataster und machten sich mit der Lage und den topografischen Gegebenheiten des Ortes vertraut. Auf der gerade einmal 330 Quadratmeter großen Parzelle würden sie sich wegen der dichten Umgebungsbebauung auf 200 Quadratmeter Wohnfläche beschränken müssen. Diese galt es, optimal aufzuteilen. Es dauerte ein Jahr, bis Eva Presenhuber und Chasper Mischol sich auf einen Kaufpreis geeinigt hatten – die Galeristin zahlte schließlich das Dreifache dessen, was sie ursprünglich geboten hatte –, doch dann ging alles ganz schnell. Der Bauplan wurde eingereicht und vom Gemeinderat für gut befunden.

Die Nachbarn erhoben keine Einwände. »Ehrlich gesagt, glaube ich, dass sich niemand so richtig dafür interessiert hat, was da gebaut wird«, erinnert sich die Forsche. Anfang 2007, sobald es die Temperaturen zuließen, rückten die Bagger an, und noch vor Einbruch des Winters war das Haus – ein durchdacht gegliederter Betonbau mit gezielt platzierten Fenstern und einem sehr flachen Satteldach – bezugsfertig. Der Eingang liegt am unteren Ende des Hanggrundstücks. Er führt in eine Art Sulèr, einen großen, offenen Flur, wie ihn alte Engadinerhäuser besitzen, der in diesem Fall ganz und gar der Kunst gewidmet ist. Das Stockwerk darüber beherbergt drei Schlafzimmer mit eigenem Bad. Von ihrem Arbeitsplatz aus, der eine ganze Raumecke einnimmt, hat die Hausherrin freie Aussicht auf das Dorf und die Berge. Als gebürtige Österreicherin genießt sie diesen Blick

»EHRLICH GESAGT, GLAUBE ICH, DASS SICH NIEMAND IM DORF SO RICHTIG DAFÜR INTERESSIERT HAT, WAS DA GEBAUT WIRD.«

Linke Seite: Die Sitzecke besteht aus einer maßgefertigten Sofabank, bunten »Wink«-Ohrensessel von Toshiyuki Kita und Vintage-Holzhockern der Französin Charlotte Perriand.
Oben: Der offene Kamin nimmt die markante Kubatur des Hauses auf: Hier gibt es viele gebrochene Linien, aber keinen rechten Winkel.
Rechts: Hinter dem Tisch mit Stühlen von Franz West hängt eine Maske des Künstlers Ugo Rondinone.

Oben: Der Arbeitsplatz wurde in einem Zimmer in der ersten Etage über Eck eingebaut. Hier ersinnt die Galeristin neue Ideen.
Rechte Seite: Das eigenwillige Betonhaus mit drei Etagen steht mitten im Dorf auf einem nur 330 Quadratmeter großen Grundstück.

auch mit dem Bewusstsein, dass unter ihr der Inn, vom Oberengadin kommend, über die nahe gelegene Grenze nach Innsbruck fließt. Der Treppenaufgang liegt im Kern des Hauses, und die Zimmer sind ringförmig darum herum angeordnet. Schreitet man sie nacheinander ab, hat man ihn einmal umrundet. Im obersten Stock befinden sich ein großer Wohn- und Essraum mit offenem Kamin und Küchenzeile. Wo immer es möglich war, wurden die Möbel gleich in die Sperrholzverkleidung eingebaut – Schränke und Regale sowieso, aber auch das Sofa und die Betten. Den Esstisch mit den bunten Stühlen erwarb die Hausherrin vom inzwischen verstorbenen österreichischen Künstler Franz West, die Barhocker hat er ihr geschenkt. Dazu gesellen sich einige Designikonen: Vintage-Holzhocker von Charlotte Perriand sowie zwei »Wink«-Ohrensessel des Japaners Toshi-

yuki Kita. Und natürlich brachte die Galeristin überall Bilder und Skulpturen aus ihrer eigenen Sammlung unter: im Eingangsbereich Arbeiten von Valentin Carron und Oscar Tuazon, in den Bädern und Schlafzimmern Schwarz-Weiß-Fotografien aus den 1920er-Jahren von Albert Steiner, im Treppenhaus ein Portfolio des Schweizer Künstlers Urs Fischer, im Esszimmer eine Maske von Ugo Rondinone – um nur einige zu nennen.

Die lange Planungsphase ohne Termindruck zahlte sich aus. Andreas Fuhrimann und Gabrielle Hächler hatten viel Zeit, an ihrem Entwurf zu feilen. »Dadurch wurde das Ganze ein Juwel«, meint Eva Presenhuber, die den Architekten so gut wie keine Vorgaben machte. »Ich sage meinen Künstlern ja auch nicht, was sie malen sollen«, fügt sie bekräftigend hinzu. Bei den Einheimischen gingen die Meinungen zu dem Projekt auseinander. Aber schließlich erkannten doch alle das Bemühen an, Elemente der traditionellen lokalen Bauweise so gut wie möglich auf ein modernes Gebäude zu übertragen. Es zeigt sich insbesondere an den Fenstern mit den abgeschrägten Laibungen. So baut man im Engadin seit Jahrhunderten, um möglichst viel Tageslicht in die Räume zu lassen, während die Kälte draußen bleibt.

Und damit sind wir wieder an jenem Samstagmorgen im November 2007 angekommen, an dem Eva Presenhuber sich mit ihrem neu erworbenen Führerschein in der Tasche ganz alleine auf den Weg in ihr neues Bergdomizil machte. Sie rechnete mit einer etwa dreistündigen Fahrt. Doch bereits in Zürich fing es an zu schneien, und je weiter es in die Berge ging, desto dichter wurden die Flocken. Am Ende kroch sie mit zehn Kilometern pro Stunde die Straße entlang. »Ich habe den Blick in den Rückspiegel tunlichst vermieden, denn hinter mir hatte sich eine lange Schlange gebildet«, erzählt die Galeristin. Nach sechs Stunden kam sie endlich in Vnà an. Wie in Trance ließ sie den Wagen einfach vor dem verschneiten Haus auf der Straße stehen. Ein Nachbar räumte schließlich spät in der Nacht den Schnee und parkte das Auto ein. Heute lacht Eva Presenhuber über diese Geschichte. Sie sei angekommen, und das allein zähle!

Celerina

BÜHNENREIF

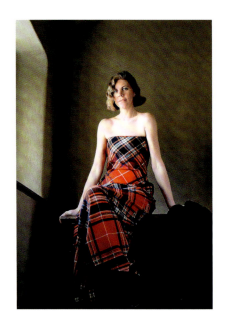

Die Mailänder Architektin Laura Sartori Rimini
versteht es, Kulissen zum Wohnen
zu erschaffen – mit kostbaren Requisiten, die sie
auf der ganzen Welt zusammenträgt.

Es lässt sich kaum mit Worten beschreiben. Warum sollte man auch den Versuch unternehmen? Schließlich ist das Werk der Architektin Laura Sartori Rimini dazu gedacht, mit allen Sinnen erlebt zu werden. Ihr Zuhause im Herzen Celerinas lädt zu einer Reise durch die Zeit und die Kulturen ein. Dabei gibt das von außen eher unscheinbare Gebäude zunächst keinen Anlass, etwas Besonderes in ihm zu vermuten. Erst das Treppenhaus mit seinem Kreuzgewölbe, den Steinsäulen und Stuckpilastern macht stutzig. Im zweiten Stock ist man bereits unter dem Dach angelangt. Die grauen Steinstufen enden vor einer altertümlichen Eingangstür. Dahinter liegt eine einzigartige Wohnbühne, eine beeindruckende schöpferische Leistung, ein Gesamtkunstwerk, das zwischen Interieur, Theaterkulisse und Wunderkammer oszilliert.

Die auf den ersten Blick großzügige Diele ist eigentlich ein schmaler, mit Holz verkleideter Flur.

Doch das von Hand bemalte Tonnengewölbe verleiht ihm Bedeutung und Ausdruck. Es gaukelt dem Auge eine Kassettendecke vor, wie sie einst in prachtvollen Bauten – etwa dem Pantheon in Rom oder der Basilica di San Lorenzo in Florenz – zum Einsatz kamen. Der Gang endet mit einem auf Wandpfeilern ruhenden Rundbogen. Dahinter erschließt sich ein großer Raum mit offenem Dachstuhl. Er erstreckt sich über die ganze Breite des Hauses. Ein offener Kamin mit mächtigem Steinsims nimmt die Mitte der Rückwand ein. Original ist allein das Dachgebälk, alles andere wurde nachträglich eingebaut. Die Böden und der Kamin sind alt; neue Elemente wurden antikisiert und sehen aus, als wären sie vor mehr als hundert Jahren entstanden. Laura Sartori Rimini liebt das Spiel mit Proportionen und Volumina: »Wer aus dem engen Flur in das offene Wohnzimmer tritt, erlebt eine Überraschung. Obwohl beide Räume eine ganz unterschiedliche Atmosphäre haben, verschmelzen sie an ihrer Schnittstelle doch miteinander«, erklärt sie.

Was sich im Eingangsbereich schon andeutete, entfaltet sich im Salon zu voller Pracht: eine gekonnte Mischung von Mustern und Materialien, eine auf Symmetrie bedachte Gestaltungsweise und dazwischen akzentuierende Details. Vor alten Schränken, Truhen

Vorhergehende Doppelseite: Unter dem alten Dachgebälk liegt der Salon, das größte Zimmer der Wohnung.
Linke Seite: Der Flur wurde zur beeindruckenden Eingangshalle mit bemalter Decke umgebaut.
Oben: Symmetrie spielt für die italienische Innenarchitektin eine wichtige Rolle. Sie schafft räumliche Ruhe, auch wenn die Dekorationen überbordend sind.

und Konsolen gruppieren sich antike Sessel und Chesterfield-Sofas, eines mit braunem und eines mit grünem Lederbezug. Historische Porträts und Landschaftsszenen en miniature schmücken die Wände. Überall finden sich Trouvaillen, die vom exquisiten Geschmack der Hausherrin zeugen: eine bemalte Gipsbüste, ein filigran verziertes Silbertablett, ein glänzender Schildkrötenpanzer oder ein Büffelhorn auf barockem Ständer. Hinter einer Schranktür kommen noch mehr Kostbarkeiten zum Vorschein. Mit Häkelspitze eingefasste Tischwäsche aus Leinen und Baumwolle, Kristallgläser, Silberkrüge und blau-weißes englisches Porzellan füllen die Regalböden. Das alles erwarb die Hausherrin in Antiquitätengeschäften, auf Märkten, Auktionen und bei Händlern in der ganzen Welt.

Auf der Klaviatur des Einrichtens spielt die Architektin schon seit den frühen 1990er-Jahren, als sie zusammen mit Roberto Peregalli das Mailänder Planungsbüro Studio Peregalli gründete. Seitdem haben die beiden um die Hundert gemeinsame Projekte verwirklicht – öffentliche Gebäude, Privathäuser und Apartments eingerichtet, Museumsausstellungen und Bühnenbilder konzipiert. Auf ihrer Kundenliste stehen neben vielen anderen der Münchner Verleger Hubert Burda, der Mailänder Modeunternehmer Gimmo Etro, Sergio Loro Piana von der gleichnamigen Kaschmir-Label, Hamish Bowles, Editior at Large bei der amerikanischen Vogue, und Pierre Bergé, der

Oben: Die Möbel stammen aus Auktionen und von Antiquitätenhändlern. Die Accessoires bringt die Hausherrin von ihren Reisen mit nach Hause.

ehemalige Lebensgefährte und Geschäftspartner des französischen Modeschöpfers Yves Saint Laurent. Die schönsten Entwürfe wurden bereits in einem dicken Bildband bei Rizzoli publiziert. Sein Titel: *The Invention of the Past* – die Erfindung der Vergangenheit. Auch wenn diese Formulierung zunächst widersprüchlich anmutet, umschreibt sie die Arbeit der beiden Einrichter doch treffend. Zudem unterstreicht sie ihren akademischen Ansatz. Laura Sartori Rimini absolvierte ein Architekturstudium an der Universität Florenz, Roberto Peregalli studierte Philosophie in Mailand. »Wir orientieren uns an historischen Vorbildern, aber wir kopieren sie nicht. Wir respektieren das Alte, zitieren und setzen neu zusammen«, bringen sie ihr Gestaltungskonzept auf den Punkt.

Erste Sporen verdienten sich die beiden bei dem unvergessenen italienischen Architekten, Innenarchitekten und Bühnenbildner Renzo Mongiardino. Dieser prägte ab den 1950er-Jahren vier Jahrzehnte lang den Einrichtungsstil der Aristokratie und des Jetsets. Seine theatralischen, barocken Interieurs sind heute Klassiker des Interior Designs. Mongiardino brachte in seinen Entwürfen Elemente unterschiedlicher Kulturen und Stile, einfache Objekte und kostbare Antiquitäten, Muster und Farben, Geschichte und Fantasie in eine perfekte Balance. Auf der langen Liste der von ihm umgebauten Luxushotels steht auch das Kulm-Hotel in St. Moritz.

Nur wenige Kilometer davon entfernt verbringt Laura Sartori Rimini im Winter die wenige freie Zeit, die ihr neben ihrer Arbeit bleibt. Dann sind auch ihr Mann und ihre Kinder mit dabei – ihre Tochter besucht seit letztem Sommer ein Internat in England, ihr Sohn studiert in Mailand. Alle vier sind leidenschaftliche Skifahrer. Wenn sie am späten Nachmittag von der Piste nach Hause kommen, ist für Signora noch lange nicht Feierabend. Oft kommt Roberto Peregalli mit einer Rolle Pläne aus Mailand angereist, die nur darauf warten, auf dem Schreibtisch ausgebreitet zu werden. Dann zieht sich der Rest der Familie in den hinteren Teil der Wohnung zurück, wo sich zwei Bäder und drei Schlafzimmer befinden. Eines davon beherbergt eine echte Rarität: ein spanisches Bett aus dem 17. Jahrhundert, dessen Kopfteil in Trompe-l'œil-Technik marmoriert ist. In den kleinen Räumen unter dem Dach wird jeder Zentimeter Platz genutzt. Bei der Einrichtung bediente sich die Hausherrin eines Tricks, den sie immer anwendet, wenn sie die Illusion von Größe erzeugen möchte: Sie überlud die Räume förmlich mit bunt gemusterten Stoffen, Bildern und antiken Möbeln. »Durch die vielen verschiedenen Elemente wirken diese kleinen Zimmer geräumiger«, versichert sie glaubhaft.

Das ehemalige Patrizierhaus von 1628 steht im alten Ortskern von Celerina. Es wurde im Engadiner Stil erbaut – mit wuchtigen Mauern und tief liegenden Fenstern. Mit seinen drei Stockwerken fügt es sich nahtlos in sein Umfeld ein. Früher diente das von Tageslicht erhellte Untergeschoss als Stall, heute liegen hier der Skiraum, die Sauna, die Waschküche, der Keller und eine kleine Gästewohnung. Das Erdgeschoss liegt über Straßenniveau und wird von der Schwägerin bewohnt. In der mittleren Etage haben die Schwiegereltern von Laura Sartori Rimini ihr Feriendomizil. Das oberste Stockwerk bietet am wenigsten Platz. Doch das kam der brillanten Gestalterin nicht ungelegen. Die schrägen Wände und der offene Dachstuhl unterstreichen die gemütliche und anheimelnde Wirkung des von ihr geschaffenen Ambientes.

Wenn der Schnee geschmolzen ist, zieht es Laura Sartori Rimini, wie die meisten Italiener, nur noch selten ins Engadin. Dann wechselt der Schauplatz: Statt des Nachts im Dracula Club trifft man sie an manchen Wochenenden beim Abendessen im Restaurant Le Voltaire in Paris an. Sie hat das Glück, auch dort einen Pied-à-terre ihr Eigen nennen zu dürfen.

»WIR ORIENTIEREN UNS AN HISTORISCHEN VORBILDERN, ABER WIR KOPIEREN SIE NICHT. WIR RESPEKTIEREN DAS ALTE, ZITIEREN UND SETZEN NEU ZUSAMMEN.«

Linke Seite: Die Einrichtung der Küche erinnert an ein rustikales Landhaus. Porzellan und Gläser stehen hier nicht hinter Glas, sondern hinter Hasendraht.
Oben: Auf dem Esstisch kombiniert die Signora Paisley-Muster, English China, antikes Kristall und Tonschalen. Alte Stillleben geben der fantasievollen Inszenierung den passenden Rahmen.
Rechts: Durch eine Dachgaube fällt Licht auf den Essplatz in der Küche.

»DURCH VIELE VERSCHIEDENE ELEMENTE WIRKEN DIESE KLEINEN ZIMMER GERÄUMIGER.«

Oben: Kostbarer Dreiklang im Schlafzimmer: Auf dem bemalten Bett aus dem 17. Jahrhundert liegt handbestickte Wäsche. Darüber hängt ein goldgerahmtes Gemälde mit Jagdszene.
Links: Im Zimmer der Tochter sorgt ein Baldachin aus Stoff für Gemütlichkeit.
Rechte Seite: Auch im Bad ist alles alt – oder zumindest auf Alt gemacht: englische Armaturen, weißer Marmor und eine frei stehende Badewanne.

Celerina

WO DER GUTE GESCHMACK ZU HAUSE IST

Mit sicherer Hand richtete
Lifestyle-Expertin Brigitte von Boch ihre Wohnung
in einer über hundert Jahre alten
Industriellenvilla am Ortsrand von Celerina ein.

Brigitte von Boch ist eine starke Frau, die weiß, was sie will. Eine Frau, die sich nicht über andere definiert. Das spürt man vom ersten Augenblick an. Sie ist mit Wendelin von Boch verheiratet, dem Aufsichtsratsvorsitzenden des börsennotierten Familienunternehmens Villeroy & Boch, und gründete vor 15 Jahren ihre eigene Firma. »Ich habe viel gearbeitet, manchmal zu viel. Aber ich mag es so«, bekennt die heute 66-Jährige. Ihr bayerischer Akzent ist unverkennbar, und ihre dunkle Stimme lässt erahnen, dass sie im Laufe ihres Lebens schon viele Zigaretten geraucht hat. Schon als junge Frau zog es die schöne Bürgermeistertochter aus Rottach-Egern in die Stadt, denn sie wollte mehr, als die idyllische Seegemeinde ihr zu bieten hatte. In Frankfurt am Main eröffnete sie in den 1970er-Jahren zwei schicke Boutiquen sowie ein Geschäft für Silberwaren und Antiquitäten. Sich mit dem Einrichten von Wohnungen zu beschäftigen,

hatte ihr schon immer Freude gemacht. Dann lernte sie ihren heutigen Ehemann kennen. »Wir sind seit 37 Jahren verheiratet. Das ist doch unglaublich, oder?«, fragt sie laut lachend und mutmaßt, dass dieses Wunder wohl nur möglich sei, weil sie beide sich von Beginn an Vertrauen *und* Freiheit geschenkt hätten.

»Eigentlich war es ja mein ältester Sohn Oliver, der mich dazu überredet hat, die Marke ›Brigitte von Boch‹ zu gründen«, erzählt die quirlige Unternehmerin. Bis dahin hatte sie bei Mettlach im Saarland, dem Stammsitz von Villeroy & Boch, vier Kinder großgezogen. Als auch die jüngste Tochter flügge geworden war, steckte sie ihre gesamte Energie in den Ausbau des viele Hundert Jahre alten Linslerhofs, der sich im Besitz der Familie von Boch-Galhau befindet. Unter ihrer Regie wurden das Gutshaus und die Stallgebäude des 290 Hektar großen Anwesens renoviert. Mit einer Pferdepension, einer Jagdschule und einem Hotel, das die Hausherrin mit zumeist antiken Möbeln und liebevoll zusammengestellten Accessoires einrichtete, zog neues Leben in die alten Gemäuer ein. Die Entscheidung, mehr aus ihrem Talent als Gastgeberin und Einrichterin zu machen, fiel im Jahr 1998. Mit viel Herzblut stellte sie eine mehrere Hundert Positionen umfassende Kollektion zusammen, die neben Möbeln, Wohnaccessoires und Schmuck auch Bekleidung enthielt. Heute vertreibt sie ihre Waren per Katalog, übers Internet und über Filialen in ganz Deutschland. »Sportlich und unkompliziert« lautet ihre Devise. »Ich mag vor allem die Samthosen, die es in vielen Farben gibt. Sie sehen immer gut aus.« In den letzten 15 Jahren publizierte sie sechs Einrichtungsbücher. Darüber hinaus gründete sie eine alle zwei Monate erscheinende Wohnzeitschrift. Aufgrund ihrer Arbeit ist sie viel unterwegs, besucht Messen und Hersteller, vor allem in Indien, wo ein Großteil ihrer Kollektion gefertigt wird.

Mit dem Engadin ist die Familie von Boch schon über Generationen verbunden. »Die Eltern meines Mannes besaßen ein Haus in Pontresina«, erzählt Brigitte von Boch. Sie selbst wollte sich so etwas lange Zeit nicht antun. So viel Arbeit, nur für ein paar Wochen Urlaub im Jahr? Und das, was sie sich vorstellte, würde sie sowieso nicht finden – dachte sie. Doch dann ergab sich eine besondere Gelegenheit. Vor sechs Jahren rief sie ein befreundeter Immobilienmakler an und berichtete über eine Sechs-Zimmer-Wohnung in einer alten Industriellenvilla am Rand von Celerina. »Das letzte Haus an der Straße nach St. Moritz?«, fragte Brigitte von Boch ungläubig. »Ja, genau das«, bekam sie zur Antwort. Sogleich hatte sie das Anwesen vor Augen. Oft war sie daran vorbeigefahren, wenn sie ihren Mann oder eines der Kinder im Ziel des Cresta Run, der Skeletonbahn, die von St. Moritz nach Celerina führt, abgeholt hatte. Das stattliche Gebäude von 1890 hatte einst der bekannten Schweizer Familie Sulzer gehört. Ein Italiener hatte es gekauft und in mehrere Wohnungen aufgeteilt. Schon vor der Besichtigung war sich Brigitte von Boch absolut sicher, dass sie das Angebot des Maklers annehmen wollte.

Von außen wirkt der symmetrische, hellgelb verputzte Bau wie eine Mischung aus Jagdschlösschen und Herrenhaus. Unter einem steinernen Bogen hindurch gelangt man zu der schweren Eingangstür, die in ein verschachteltes Treppenhaus mit bleiverglasten Fenstern und Kreuzgewölbe führt. Im zweiten Stock residiert Brigitte von Boch. Schon der Eingangsbereich mit den grün gestrichenen Türrahmen und Fußbodenleisten vermittelt ein Gefühl von Behaglichkeit. In der Mitte steht ein rechteckiger Tisch mit bodenlangem, schwerem Überwurf. Medaillonstühle und ein Sofa mit kariertem Bezug laden zum Platznehmen ein. Über dem Sofa hängt ein riesiges Hirschgeweih – eine alte Jagdtrophäe des Schwiegervaters – die anderen Wände sind mit gerahmten Fotografien und alten Stichen geschmückt. Das harmonische Ensemble zeugt von einem ausgeprägten Gefühl für die Atmosphäre von Räumen. Der sich anschließende Salon ist mit drei Sofas, zwei

Vorhergehende Doppelseite: Im Wohnzimmer spielt Brigitte von Boch ihr ganzes gestalterisches Talent aus.
Linke Seite: Die Villa am Ortsausgang von Celerina wurde von der Industriellenfamilie Sulzer erbaut.
Rechts: Wie in einem Schloss windet sich die Steintreppe in den zweiten Stock hinauf, wo die von Bochs Quartier bezogen haben.

SCHON VOR DER BESICHTIGUNG WAR SICH BRIGITTE VON BOCH ABSOLUT SICHER, DASS SIE DIE WOHNUNG MIETEN WOLLTE.

Linke Seite: Die Diele ist praktisch und bequem eingerichtet. Es stehen genügend Sitzgelegenheiten für einen kurzen, gemütlichen Plausch bereit. Wer es sich richtig bequem machen will, begibt sich ins Wohnzimmer gleich nebenan.
Oben: Ein mächtiges Geweih dient als originelle Garderobe für Jagdtasche, Schals, Mützen und Muff.
Links: In der geräumigen Garderobe wurden die alten Einbauschränke mit grün-weißer Lackierung erhalten.

Linke Seite: Im Wohnzimmer spielen Textilien die Hauptrolle. Für die Vorhänge zu beiden Seiten des Sofas wählte Brigitte von Boch einen Stoff in ihrer Lieblingsfarbe Rot.
Oben: Eine Vase mit Tannenzweigen und Amaryllisblüten, altes Tafelsilber und eine Gamsbüste aus der eigenen Kollektion, arrangiert zu einem eleganten Stillleben.

Sesseln und einem ovalen Klubtisch möbliert. Auch hier bilden Einrichtung, stuckverzierte Decken, das geölte Eichenholzparkett und die alten Kastenfenster ein dekoratives Gesamtkunstwerk.

Auf der gegenüberliegenden Seite der Diele befindet sich ein kleines Schlafzimmer, das ganz in einem dunklen Grünton gestrichen ist. Am Kopfende des Bettes hat Brigitte von Boch eine Messingstange befestigt und eine Wolldecke mit Hirschapplikation darübergehängt. Ein gequiltetes Plaid und ein Sessel mit Kelimbezug zeugen von der Sammelleidenschaft der Hausherrin. Die edle Wandfarbe findet sich auch in der Küche und im Esszimmer wieder – zusammen mit Rot, Brigitte von Bochs Lieblingsfarbe. »Rot wirkt immer warm und gemütlich. Ich habe in jedem meiner Häuser ein rotes Zimmer«, erklärt sie begeistert und deckt den Tisch mit einer klein gemusterten dunkelroten Decke, Leinenservietten und Villeroy-&-Boch-Geschirr mit alpenländischem Dekor. Alte Silberwaren runden die Einrichtung ab. »Mein Mann und ich besuchen leidenschaftlich gerne Flohmärkte und Antiquitätengeschäfte. Vieles von dem, was wir kaufen, landet erst mal im Lager und wird irgendwann wieder hervorgeholt. So wie hier im Engadin oder spätestens dann, wenn unsere Kinder sich ein eigenes Zuhause einrichten.«

Auch ihre eigene Kollektion diente Brigitte von Boch als Fundgrube. Die meisten der bequemen Sitzmöbel, Beistelltische, Kommoden, Fellplaids, Kissenbezüge und Stoffe stammen aus dem Sortiment ihrer Shops. Sie ließ das gesamte Mobiliar mit einem Möbelwagen nach Celerina bringen und richtete ihr neues Feriendomizil an einem einzigen Tag ein. Schließlich mussten nur noch die Vorhänge in Auftrag gegeben, Leuchten montiert und einige Bilder neu gerahmt werden.

Die Sonne scheint vom blitzblauen Himmel auf das Tal herab. Die von Bochs sind noch im benachbarten St. Moritz verabredet. Wie jedes Jahr treffen sie sich fast täglich mit guten Freunden und sitzen oft bis tief in die Nacht mit ihnen zusammen. In ein paar Tagen geht es schon wieder nach Hause. In Frankfurt will Brigitte von Boch auf der Einrichtungsmesse »Ambiente« nach neuen Trends Ausschau halten. Und vielleicht besucht sie danach ihre jüngste Tochter, die zurzeit in Rio de Janeiro studiert. Die Türen ihrer Engadiner Wohnung bleiben vorerst geschlossen. Ein Wiedersehen gibt es vielleicht im Sommer zum Festival da Jazz oder spätestens im nächsten Winter.

ALS FUNDGRUBE FÜR DIE
WOHNUNG ERWIES SICH AUCH
DIE EIGENE KOLLEKTION.

Oben: Die dunkelgrüne Wandfarbe taucht das Esszimmer in ein stimmungsvolles Licht. Der Tisch ist mit einem Porzellanservice von Villeroy & Boch gedeckt.
Links: Ein dekorativer Wandbehang mit Hirschkopf »krönt« das Bett im Gästezimmer.
Rechte Seite: Dieser exotische Mustermix bringt Leben ins Haus. Der Sessel ist mit einem Kelim bezogen; das Patchwork-Plaid stammt aus Indien.

St. Moritz

EIN ORT MIT GESCHICHTE

Am Anfang war es nur ein kühner Plan,
doch dann beschloss Rolf Sachs,
das Gebäude des alten Olympiastadions von St. Moritz
zu einem Wohnhaus umzubauen.

Es war viel zu warm. Bis auf 25 Grad über null kletterte nach einem Föhneinbruch das Thermometer am Mittag des 14. Februar 1928. Der Eisschnelllauf musste abgebrochen werden, und viele Teilnehmer des 50-Kilometer-Langlaufs gaben wegen Wachsproblemen auf. Auch am folgenden Tag lagen die Temperaturen auf 1822 Metern Höhe noch bei zehn Grad. Eishockey und Eiskunstlauf – unmöglich. Erst am nächsten Morgen füllten sich die Zuschauerränge auf dem Dach des neuen Stadiongebäudes wieder, und die Musik der Kapelle hallte über das große Eisfeld.

Das Gebäude im Badrutts-Park, einer Senke am Rand von St. Moritz-Dorf, ist für seine Entstehungszeit überraschend modern: ein flacher Langbau, der parallel zum Tal verläuft und Umkleiden, Duschen, Massage- und Aufenthaltsräume für die Athleten beherbergte. Der sich anschließende rechteckige Turm bot den Musikern eine windgeschützte Bühne und

Vorherige Doppelseite: Das von Rolf Sachs zum Wohnhaus umgebaute Stadiongebäude der Winterolympiade von 1928 zählt zu den Sehenswürdigkeiten von St. Moritz.
Oben: Die Wohnküche liegt gleich hinter dem Eingangsbereich.
Rechts: Vom rückwärtigen Balkon aus hat man einen Blick auf den Piz Rosatsch und den rechts davon liegenden Piz Corvatsch.
Rechte Seite: Vor dem Küchenfenster hat Rolf Sachs eine Essecke eingerichtet.

HUNDERTE VON MALE RASTE ROLF SACHS AUF DER BOBBAHN AN DEM VERFALLENEN BAU VORBEI. NIE SCHENKTE ER IHM BESONDERE BEACHTUNG.

den Organisatoren einen wunderbaren Ausblick auf das Wettkampfgeschehen. Der Bündner Architekt Valentin Koch, der das Stadion erbaute, orientierte sich bei seinem Entwurf an der Bauweise der klassischen Moderne. »Weniger ist mehr« lautete das Gestaltungsprinzip des Architekten Ludwig Mies van der Rohe, für den die Funktionalität von Architektur an oberster Stelle stand. Das steht in krassem Gegensatz zum »Zuckerbäckerstil« der umliegenden Grandhotels und Chalets. Mit seinen kantigen Formen und seiner ebenso kantigen Ausstrahlung sollte das Gebäude denn auch das einzige seiner Art im Dorf bleiben. Ein Unikum, mit dem sich die meisten Einheimischen nie so richtig anfreunden konnten. Dennoch blieb das Stadion auch weiterhin in Gebrauch. Bei den ersten Olympischen Winterspielen nach dem Zweiten Weltkrieg 1948 diente es wieder als Wettkampfstätte. Später nutzte man die Anlage im Winter zum Curling; 1986 wurde sie geschlossen. Das damals bereits 60 Jahre alte Stadiongebäude verfiel zusehends. Im Sommer spielten die Kinder in den verlassenen Räumen, und im Winter verschwand es Jahr für Jahr unter einer dicken Schneedecke.

Natürlich kannte er das alte Olympiastadion. Schließlich kam Rolf Sachs schon als Junge mit der Großmutter regelmäßig von Lenzerheide nach St. Moritz und residierte mit ihr im Palace Hotel. Später, als sein Vater Gunter die Turmsuite bewohnte, waren die Winter ausgefüllt mit Festivitäten und sportlichen Wettkämpfen. Hunderte von Malen raste Rolf Sachs auf der Bobbahn an dem verfallenen Bau vorbei. Nie schenkte er ihm besondere Beachtung. Doch irgendwann kam der Moment, in dem das verlassene Gebäude seine Fantasie zu beschäftigen begann. Der Gedanke daran ließ ihn nicht mehr los. Wäre dieser vergessene Ort nicht ein wunderbarer Platz zum Wohnen? Tatsächlich haben das sperrige Gebäude und der Querdenker Sachs einiges gemeinsam. Seit vielen Jahren bewegt sich der gebürtige Deutsche mit seiner kreativen Arbeit in einem Grenzbereich zwischen Design und Kunst. In seinem Studio in London, wo er mit seiner Frau Maryam und den drei Kindern wohnt, entstehen Objekte, die sich nach gängigen Kriterien nirgendwo einordnen lassen. Sie eignen sich nur bedingt für den täglichen Gebrauch

TATSÄCHLICH HABEN DAS SPERRIGE GEBÄUDE UND DER QUERDENKER SACHS EINIGES GEMEINSAM.

Linke Seite: Unter einer Fotoserie von Rolf und Maryam Sachs steht der Sessel »La Chaise« von Charles & Ray Eames.
Oben: Vor dem aufgestapelten Kaminholz lehnt ein in Kunstharz gegossener Skeletonschlitten – ein Werk des Hausherrn.
Links: Der Treppenaufgang gleicht einer Rauminstallation. Die Stuhlbeine wurden jeweils so zurechtgesägt, dass die Stühle auf der Treppe stehen können.

und hinterfragen – wie zum Beispiel die aus Wachs gegossenen und aus verrostetem Stahl gefertigten Stühle – auf ironische, manchmal auch brutale oder spielerische Weise den Sinn und Zweck von Einrichtungsgegenständen. Manche Leuchten fertigte Rolf Sachs ausschließlich aus Laborutensilien – Stativen, Glaskolben, Reagenzgläsern –, und unter der gläsernen Platte eines Tisches wabert rot eingefärbtes Öl.

Klar, dass auch sein Wohnhaus nicht »gewöhnlich« sein würde. Doch bevor Rolf Sachs seine Umbaupläne realisieren konnte, waren einige Hürden zu nehmen. Als seine Idee publik wurde, gab es viele, die ihm Steine in den Weg legen wollten. Zunächst bedurfte es einer »Umzonung«, also der Umwandlung des Geländes in Bauland, der die Einheimischen an der Urne ihre Zustimmung erteilen mussten. Rolf Sachs musste also versuchen, sie für sich zu gewinnen. In dieser Situation zeigte sich, wie eng die Familie Sachs mit St. Moritz verbunden ist. Rolfs Vater Gunter Sachs hatte dem Wintersportort einst zu Glamour und internationaler Bekanntheit verholfen. Rolf Sachs wiederum, der einen großen Teil seiner Jugend im nahe gelegenen Internat in Zuoz verbrachte und Schweizer Mundart spricht, wirkt eher im Stillen: als Präsident des privaten Dracula-Clubs sowie als Komiteemitglied des Bob-, Cresta- und Corviglia-Ski-Clubs. Dafür verliehen ihm die Medien schon mal den Titel »inoffizieller Botschafter für Sport und Kultur«. Am 12. Februar 2006, nach sieben Jahren zäher Verhandlungen und öffentlicher Diskussionen, stimmten die Bürger im Rahmen einer Volksabstimmung schließlich für das Projekt.

Voller Tatendrang machte sich Rolf Sachs mit seinem alten Schulfreund, dem Architekten Arnd Küchel, an die Arbeit. Das marode Mauerwerk musste erneuert oder abgestützt werden, die zugemauerten Fenster wurden wieder geöffnet, und das Dach, auf dem einst die Tribünen standen, erhielt einen Holzaufbau, der teilweise als Terrasse genutzt werden kann. Darunter prangt in großen Lettern die Aufschrift »Stadion St. Moritz«. Auch der Turm, dem jahrzehntelang Tau- und Regenwasser zugesetzt hatten, wurde wieder wetterfest gemacht. Die große Maueröffnung, in der früher die Musiker saßen, wurde verglast, und

Linke Seite: Die Wände sind nicht einfach rot gestrichen, sondern mit dickem Filz verkleidet.
Oben: Wie ein Design-Museum: Im Wohnzimmer stehen Klassiker des modernen Möbeldesigns neben nicht ganz ernst gemeinten Kreationen des Hausherrn.
Links: Namedropping – ein Rietveld-Stuhl vor einem Regal von Ettore Sottsass, das der Niederländer Maarten Baas abfackelte.

»ES GEFÄLLT MIR, WENN JEMAND EINE IDEE WEITERSPINNT. DAS OBJEKT HAT EINE BESONDERE MATERIALITÄT, UND JEDER, DER ES SIEHT, EMPFINDET ETWAS.«

ROLF SACHS, ST. MORITZ

DER TURM IST DAS REICH VON ROLF UND MARYAM SACHS. VON HIER AUS IST DER BLICK AUF DEN BADRUTTS-PARK NOCH IMMER SO SCHÖN WIE VOR 85 JAHREN.

Vorherige Doppelseite: Logenplatz im Hause Sachs. Die Sitzfläche dieses Sofas besteht aus unzähligen Schichten Filz.
Linke Seite: Das Bad im Turm hat sogar einen kleinen Balkon.
Oben: In den Schlafzimmern wurde ausschließlich Arvenholz verarbeitet. Seine ätherischen Öle verströmen einen angenehmen Duft und haben eine antiseptische Wirkung.
Rechts: Im ganzen Haus erinnern historische Fotografien an seine berühmte Vergangenheit.

unter dem Dach hängt wieder eine Uhr. Auch wenn die Bausubstanz des Hauses aus statischen Gründen weitgehend erhalten blieb, erinnern im Inneren nur noch alte Bücher und Fotografien an seine ursprüngliche Nutzung. Die Ausstattung trägt eindeutig die Handschrift des Hausherrn.

Der Eingang befindet sich auf der rückwärtigen Seite im Untergeschoss, in dem ein großzügiger Eingangsbereich, eine Küche mit Wirtschaftsräumen und ein kleines Spa untergebracht sind. Über eine Treppe gelangt man an aufgestapeltem Kaminholz vorbei und zwischen Stühlen mit unterschiedlich langen Beinen hindurch ins Wohnzimmer. Dieser Raum nimmt den ganzen südwestlichen Gebäudeflügel ein. Er hat alles zu bieten, was man braucht, um Gäste zu bewirten, gemütlich beisammenzusitzen oder sich zu entspannen: eine Tischgruppe mit Bank und Stühlen, eine gut bestückte Bar, mehrere klassische Designersessel und ein aus unzähligen Filzmatten und dicken Kissen bestehendes Sofa mit Aussicht auf den gegenüberliegenden Piz Rosatsch. Das Lieblingsstück von Rolf Sachs ist ein verkohltes Ettore-Sottsass-Regal, das der niederländische Designer Maarten Baas mit dem Flammenwerfer malträtierte. »Es gefällt mir, wenn jemand eine Idee weiterspinnt. Das Objekt hat eine besondere Materialität, und jeder, der es sieht, empfindet etwas«, erklärt Rolf Sachs.

Dort, wo die zweiflügelige Holztür eine Zäsur in der Fassade des Langbaus markiert, liegt ein Treppenhaus, dahinter gehen von einem Flur die Schlafzimmer der Kinder und einige Gästezimmer ab. Alle sind sorgfältig mit Arvenholz vertäfelt. Die Betten nehmen, Kojen gleich, jeweils die ganze Breite des Raumes ein. Schränke, Regale und Schreibtische sind eingebaut. Der Turm ist das Reich von Rolf und Maryam Sachs. Über mehrere Etagen geht es nach oben, vorbei an dem Zimmer mit der großen Glasscheibe, hinter der nun ein bequemes Sofa steht, vorbei an einer kleinen Bibliothek bis hoch zur Master Suite. Von hier aus ist der Blick noch immer so schön wie vor 85 Jahren. Und wenn der Hausherr seine Freunde, deren Familien sich schon seit Generationen Winter für Winter in St. Moritz versammeln, zum Eishockeyspiel auf die Bahn vor der Haustür einlädt, dann scheint es, als sei der olympische Gedanke im Badrutts-Park noch immer lebendig.

Links: Rolf Sachs trug viele Originaldokumente zu den Olympischen Winterspielen von 1928 und 1948 zusammen, die in St. Moritz ausgerichtet wurden.
Rechte Seite: Ein schönes Detail in einem der Gästebäder – in die gläserne Duschabtrennung wurden die olympischen Ringe geätzt.

Grevasalvas

DER CHARME DES EINFACHEN

Im ehemaligen Maiensäss Grevasalvas machte
Kurt Alexander Engelhorn einen
alten Stall wieder nutzbar und entdeckte dabei,
wie befreiend Verzicht sein kann.

Grevasalvas war einst ein Maiensäss der Bauern von Soglio. In den Sommermonaten zogen sie vom Bergell meist mit der gesamten Hofwirtschaft auf das 1941 Meter hoch gelegene Plateau. Die engen, aus Stein und Holz errichteten Hütten standen dicht gedrängt. Um sie herum tat sich eine karge Berglandschaft auf: von Geröllfeldern durchzogene Wiesen, große Felsbrocken und im Rücken der Alp das Bergmassiv.

Ende der 1970er-Jahre diente der Ort als Kulisse für den Schweizer Kinderfilm *Heidi* nach dem gleichnamigen Roman von Johanna Spyri. Heute verbringt nur noch eine Bauernfamilie aus Plaun da Lej am Silsersee mit ihrem Vieh die Sommer auf Grevasalvas. Da eine beliebte Wanderroute durch das Dorf führt, wurden in den letzten Jahren einige der alten Gebäude zu Ferienhäusern umgebaut. Der damit einziehende Wandel geht zwar auf Kosten der Ursprünglichkeit, doch ihm ist es letztlich zu verdanken, dass diese einzigartige Idylle überhaupt erhalten bleibt.

Oft büßen einfache Alphäuser durch eine Renovierung ihren ursprünglichen Charme ein. Dessen war sich auch Kurt Alexander Engelhorn bewusst, als er in Grevasalvas einen aufgegebenen Stall kaufte. Auf keinen Fall wollte er zerstören, was ihn daran angezogen hatte. Seit vielen Jahren ist der gebürtige Deutsche, ein Sohn des ehemaligen Boehringer-Mannheim-Großaktionärs Curt Engelhorn, mit dem Engadin verbunden. Zwar ist er beruflich viel unterwegs, doch den größten Teil des Jahres verbringt der 1,85 Meter große Mann mit den leuchtend blauen Augen in der Schweiz. Auch zwei seiner Töchter leben mit ihren Familien im Engadin.

Vor fast zehn Jahren erwarb Engelhorn, mehr aus Unternehmungslust als von Profitdenken getrieben, die Skihütte El Paradiso bei Randolins oberhalb von St. Moritz. Bei deren Umbau, für den er den bekannten Architekten Hans-Jörg Ruch engagierte, sammelte er bereits wichtige Erfahrungen im Umgang mit lokalen Bauwerken. »Besonders bei den Materialien waren wir sehr zurückhaltend. Unsere Wahl fiel auf Stein und unbehandeltes Holz, das inzwischen sehr schön gealtert ist«, erklärt er. Ein paar Jahre später übernahm der Wahlschweizer auch das am Stazersee gelegene Hotel Lej da Staz. Mit wenigen Eingriffen wurden die Zimmer und das Restaurant sanft renoviert. So blieb die einzigartige Atmosphäre dieses Ortes, der vom St. Moritzersee aus nur zu Fuß zu erreichen ist, erhalten.

In Grevasalvas war die Ausgangslage jedoch eine andere. Hier kam, bedingt durch die Baufälligkeit des Hauses, nur eine grundlegende Sanierung in Betracht. Als Erstes machte sich der Hausherr daran, das meh-

rere hundert Jahre alte Gebäude sorgsam in seine Einzelteile zu zerlegen, um es dann nach und nach wieder zusammenzusetzen. Marode Bausubstanz wurde ersetzt, der Rest auf sehr zurückhaltende Weise restauriert. Das Untergeschoss – der ehemalige Stall – wurde zum Berg hin mit einer massiven Schutzmauer stabilisiert. Der Eingang, der in früherer Zeit nur mit Holzbrettern auf der blanken Erde ausgelegt war, erhielt einen Bodenbelag aus großen Steinplatten, die in ein Kalk-Lehm-Gemisch eingelassen sind. Das hat den Vorteil, dass dieser ebenerdige Teil des Hauses noch immer als Stall genutzt werden kann, beispielsweise dann, wenn eine der Töchter, die zusammen mit ihrem Mann die Fuhrhalterei Stalla Costa in Potresina betreibt, mit mehreren Pferden nach Grevasalvas kommt – was im Sommer, wenn sich die ganze Familie hier trifft, nicht selten der Fall ist.

Bei der Gestaltung des oberen Stockwerks, in dem Wohn- und Schlafzimmer untergebracht sind, bewies der Hausherr buchstäblich Mut zur Lücke. Er erhielt die Außenwände aus rohen, verwitterten Holzstämmen, durch deren teils handbreite Spalten Wind und Kälte herein dringen. Bei einer konventionellen Sanierung hätte man das Haus abgedichtet und gedämmt. Doch Kurt Alexander Engelhorn zieht es vor, unter dicken Wolldecken vor dem prasselnden Kaminfeuer zu schlafen. Ist es allzu stürmisch, kann das Bett rundum mit mehreren Reihen Latten gegen den Wind abgeschottet werden. Schon oft ist es vorgekommen, dass morgens Schnee in der Hütte lag. Ihn wegzuräumen ist dann die erste Amtshandlung des Hausherrn.

Das einzige abgeschlossene Zimmer ist eine mit Schafwolle gedämmte Kammer. In ihr sind drei Schlafplätze, ein Esstisch und ein Ofen untergebracht – ein wahres Wunderwerk der Technik. Er dient zum Heizen, Kochen, Backen und zum Erhitzen von Wasser, das zum Befüllen einer Kupferbadewanne benötigt wird. Sie steht im Stall im Erdgeschoss. Wer ein Bad nehmen möchte, muss zuvor kräftig den Pumpen-

Vorhergehende Doppelseite: Das Erdgeschoss der Hütte ist mit Steinplatten ausgelegt. So kann es auch als Stall dienen.
Linke Seite: Das Bad ist Teil des Stalls und wird nur im Sommer benutzt. Im Winter müssen die Wasserleitungen geleert sein.
Oben: Am liebsten sitzt der unkonventionelle Hausherr vor dem offenen Kamin im Erdgeschoss.

schwengel betätigten, um das Wasserreservoir zu füllen. Bei Minusgraden sind alle Leitungen geleert, damit sie nicht einfrieren, was auch die Toilettenspülung lahmlegt.

»Wenn ich mittags mit Schneeschuhen heraufstapfe und den Ofen anfeuere, dauert es mehrere Stunden, bis es in der Kammer wärmer wird. Am Abend hat es mit etwas Glück fünf Grad, und erst am nächsten Morgen ist mit zehn Grad das Maximum erreicht«, erklärt Kurt Alexander Engelhorn. Bis dahin vertreibt er sich die Zeit mit Hausarbeit oder geht seinen künstlerischen Hobbys nach. Überall im Haus sind selbst gefertigte, bemalte Totems, ein kleiner Altar und Federschmuck zu finden. Die Einzelteile für seine Assemblagen findet Kurt Alexander Engelhorn auf der Alp, oder er bringt sie aus dem Tal mit. Genauso wie die Militärsäcke, das Aluminiumgeschirr, die Kupfertöpfe, die Petroleumlampen, die alten Pelzjacken. Und auch die Gedanken kreisen beständig um den Ort, an dem er sich aufhält: »Ein Leben mit der Hütte ist die Kunst des Armen, mit dem Notwendigen zurecht zu kommen. Der Arme hat keine Wahl, der Wohlhabende muss sich Mühe geben, sich selbst zurückzunehmen, um das Wenige zu finden«, philosophiert Engelhorn.

Jeden Sommer, wenn Grevasalvas mit dem Auto erreichbar ist, legt der Hausherr Vorräte an und bringt auch Brennholz her, denn im Winter muss alles mit dem Rucksack auf den Berg geschleppt werden. Das ist so beschwerlich, dass Engelhorn sich in dieser Zeit auf die allernotwendigsten Besorgungen beschränkt. Doch er lässt es sich nicht nehmen, seine seltenen Gäste besonders zu verwöhnen. Egal, wer ihn begleitet, immer steht er selbst am Feuer und kocht. Das alles bereitet ihm Vergnügen, und die Tage sind mit Arbeit ausgefüllt. Für ihn ist das ein Ausgleich zu seiner ansonsten komfortablen Lebensweise. Bei Schneegestöber kann er mit Pfeil und Bogen vor der Hütte angetroffen werden. Dann ist die Scheibe nicht mehr zu sehen. Um zu treffen, müsste man eins sein mit dem Ziel. Das sucht er.

»WENN ICH MITTAGS MIT DEN SCHNEE-
SCHUHEN HERAUFSTAPFE UND DEN
OFEN ANFEUERE, DAUERT ES MEHRERE
STUNDEN, BIS ES IN DER KAMMER
WÄRMER WIRD.«

Linke Seite: Das Bett lässt sich mit Brettern gegen den Wind abschotten. Die alten Steinmauern wurden sorgsam restauriert.
Oben: Der einzige in sich abgeschlossene Raum befindet sich im ersten Stock. Hier steht ein Ofen, der zum Heizen, Kochen und Backen dient.
Rechts: Die Wand neben dem Etagenbett ist für Kurt Alexander Engelhorns Bogen und eine Reihe Pfeile reserviert.

Samedan

AUF DER DURCHREISE

Der Italiener Giorgio Pace
tauschte sein schickes New Yorker Apartment
gegen eine gemütliche Wohnung
in Samedan ein.

An sonnigen Tagen im Februar starten und landen die Helikopter auf dem Flugplatz von Samedan im Zehn-Minuten-Takt. Sie bringen ihre Passagiere zum Heliskiing auf die Dreitausender, holen internationale Gäste von den Flughäfen Zürich und Mailand ab und bieten Taxiflüge nach Davos oder Zermatt an. Immer wieder steigt ein Privatjet steil in den Himmel – das Ende des Tals liegt keine zwanzig Kilometer weiter. Vielleicht hat sich Giorgio Pace diesen Ort ausgesucht, weil die Welt jenseits der Berge so verheißungsvoll nah ist und die Möglichkeit besteht, jederzeit durchzustarten. Zum Beispiel nach New York, wo er bis vor zwei Jahren ein Apartment besaß, oder nach Paris, wo eine kleine Maisonette-Wohnung auf ihn wartet. Dorthin reist er mindestens zweimal im Jahr zu den Defilees der Modehäuser und meistens auch anlässlich der Haute-Couture-Schauen.

Im internationalen Fashion-Zirkus kennt man Giorgio Pace. Kaum einer ist so gut vernetzt wie er. Der 47-jährige römische Anwalt, der nach Amerika kam, um für das Metropolitan Museum of Art und das Guggenheim-Museum zu arbeiten, betrat die Welt der Mode im Jahr 1999. Stephen Gan, der Gründer des in limitierter und nummerierter Auflage erscheinenden Mode- und Kunstmagazins *Visionaire*, fragte ihn, ob er beim Aufbau einer weiteren Zeitschrift helfen könne. Seitdem arbeitet Pace für das *V Magazine*, stellt Kontakte her, vermittelt Kooperationen, setzt Kampagnen um. »In den letzten zehn Jahren hat sich das Blatt zu einem der einflussreichsten Titel weltweit entwickelt. Nicht nur Topmodels, auch Celebrities stehen Schlange, um von uns fotografiert zu werden«, erzählt Giorgio Pace nicht ohne Stolz. Sein letztes großes Projekt war das *CR Fashion Book* von Carine Roitfeld, der ehemaligen Chefredakteurin der französischen *Vogue*.

Ins Engadin kommt der Italiener schon seit 20 Jahren. Dass er seinen Hauptwohnsitz nun dorthin verlegte, war mehr als eine bloße Laune. »Ich bin froh über

18 Jahre New York. Die Stadt ist großartig, man trifft die interessantesten Leute, es gibt die tollsten Partys und die besten Künstler, aber ich wollte etwas Neues anfangen«, sagt er. Darum kündigte er den Mietvertrag für sein Apartment und ließ alle Möbel in einem Container nach Europa bringen. Seine jetzige Wohnung, in der er ebenfalls zur Miete wohnt, haben ihm Freunde vermittelt. Sie ist nicht groß, aber groß genug, um darin zu leben, zu arbeiten und weiterhin die Fäden des New Yorker Verlags zu ziehen. In St. Moritz, nein, da wolle er nicht sein, das sei ihm zu viel »Bling-Bling«.

Die Arvenholzstube hatte es Giorgio Pace schon auf den ersten Blick angetan. Hier fanden seine geliebten Vintage-Möbel, ein Sofa aus den 1950er-Jahren, ein Eero-Saarinen-Tisch und alte Nussbaumstühle von Norman Cherner Platz. Der Stoff, aus dem Vorhänge, Kissen- und Polsterbezüge für die lange Holzbank gefertigt sind, ist ein Mitbringsel aus Venedig. Auch die beiden schweren Leuchter aus Muranoglas stammen aus der Lagunenstadt. Wenn Freunde zum Tee kommen, werden sie mit einem englischen Teeservice und dazu passenden Servietten empfangen. Im Flur stapeln sich Bücher und Zeitschriften in einem Regal, auf Tischen und Truhen. Einige dieser Möbelstücke stammen aus der Brockenstube – so werden in der Schweiz Gebrauchtwarenläden genannt, die nicht mehr benötigten Hausrat meist für gute Zwecke preiswert verkaufen. Einen alten, bemalten Schlitten stöberte der Hausherr bei einem Antiquitätenhändler auf.

Natürlich möchte Giorgio Pace auch im Engadin Spuren hinterlassen. Zwei Kunstprojekte des Kulturzentrums Chesa Planta in Samedan entstanden auf seine Initiative hin. »A Lunatic on Bulbs« zeigte die Werke von acht jungen Künstlern in den historischen Räumen des über 400 Jahre alten Patrizierhauses. Für die Ausstellung »Magic Mountain« brachte der Netzwerker Pace Möbelentwürfe des amerikanischen Modedesigners Rick Owens ins Engadin. In den kommenden Jahren sollen weitere Pop-up-Projekte entstehen. Eine feste Galerie einzurichten kann sich der Italiener allerdings nicht vorstellen. Schließlich will er weiterhin zwischen Europa und Amerika pendeln.

Vorhergehende Doppelseite: Die Fassade des alten Engadinerhauses im Ortskern von Samedan trägt den typischen Kratzputz, Sgraffito genannt.
Linke Seite: Der alte, bemalte Schlitten im Flur stammt von einem Antiquitätenhändler im Tal.
Rechts: Auf einem antiken Tisch liegen die Ausgaben des *V Magazines* neben anderen Modezeitschriften. Darüber hängt eine Bilderserie der Künstlerin Shannon Ebner.

IN ST. MORITZ, NEIN, DA WOLLE
ER NICHT SEIN, DAS SEI IHM ZU VIEL
»BLING-BLING«.

Linke Seite: Die beiden Schlafzimmer der Etagenwohnung gehen vom Flur ab und sind durch eine Tür miteinander verbunden. Hinter ihr versteckt sich ein Comic-Motiv von Charles Masson.
Oben: Origineller Stilmix: Die mächtigen Tischleuchten zu beiden Seiten des Bettes brachte Giorgio Pace jüngst von Italien mit ins Engadin. Die Zeichnung stammt von Nick Mauss.
Rechts: Die Räume sind komplett mit Arvenholz verkleidet.

GIORGIO PACE, SAMEDAN

AUF DEN ERSTEN BLICK
ANGETAN HATTE ES GIORGIO PACE
DIE ARVENHOLZSTUBE.

Oben: Den gemusterten Stoff für Sitzpolster, Kissen und Vorhänge in der Stube kaufte der umtriebige Hausherr bei einer Freundin in Venedig.
Links: Auf der Holzbank vor den leuchtend grünen Kacheln des Ofens stehen zwei schwere Leuchter aus milchigem Muranoglas.
Rechte Seite: Kaum zu glauben, dass die geschmackvolle Einrichtung zuvor in einem New Yorker Apartment stand.

S-chanf

NOBLE VERGANGENHEIT

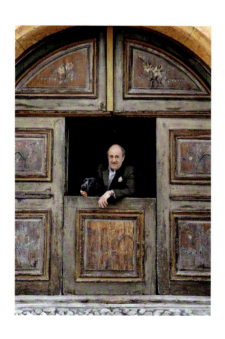

Im Mittelalter als Turm errichtet, im 17. Jahrhundert zum Patrizierhaus ausgebaut, 1987 wiederhergestellt und im Jahr 2007 mit einer Kunstgalerie versehen ist die Chesa Perini in S-chanf eines der kulturhistorisch wertvollsten Gebäude im Tal.

Es gibt zwei Eingänge: einen an der imposanten Stirnseite des Hauses mit einem Rundbogen und bemalter Holztür und einen rückwärtigen, der in die ehemalige Scheune führt. Durch ihn gelangt man zur Galerie von Bartha, die in der Chesa Perini in S-chanf vor gut sechs Jahren einzog. Wer sie betritt, kommt nicht etwa in einen beheizten Raum. Überraschend tut sich vor ihm eine schwarze Wand auf. Die historischen Scheunenmauern stehen wie eine Hülle um einen freistehenden Kubus, durch die Holzlatten in den Fensterausschnitten zieht kalter Wind. Die beiden Bauwerke trennt ein schmaler Gang. Folgt man ihm, gelangt der Besucher zur Verbindungstür zum Wohnhaus und kann gleichzeitig in das Innere des Ausstellungsbaus treten. Die Lage des Zugangs ist bewusst gewählt. Die Nahtstelle von Patrizierhaus und Scheune passierten über viele Jahrhunderte Heuwagen und Menschen. Nun füllt den hohen Raum, der

Vorhergehende Doppelseite: Der Sulèr im Erdgeschoss kann über die mächtige Eingangstüre betreten werden oder durch die Scheune auf der gegenüberliegenden Seite.
Links: Die mit geflecktem Kuhfell bezogene Letter steht in doppeltem Sinn zu ihrer Herkunft. Sie stammt von der Künstlerin Isabel Schmiga.
Unten: Typisch für die Arvenholzstube der alten Engadinerhäuser sind die vertäfelten Wände und der einfache Klapptisch.
Rechte Seite: Unter dem Kreuzgewölbe hängt ein Werk von Terry Haggerty.

WER HIER GELADEN IST, GEHÖRT ZU EINEM KREIS VON SAMMLERN, DIE SICH FÜR EIN LINIENBILD VON IMI KNOEBEL ODER EINE SKULPTUR VON BERNAR VENET INTERESSIEREN.

einst das Auskommen der mächtigen Familie Perini sicherte, eine selbsttragende Konstruktion von sieben Metern Kantenlänge, deren Äusseres mit Bitumen gestrichen ist. Sie ist das Werk des Bündner Architekten Hans-Jörg Ruch.

Er ist seit über 25 Jahren im Engadin tätig und hat nicht nur viele historische Bauten wiederhergestellt, sondern oftmals auch vor einer Entstellung bewahrt. Sein Schaffen ist geprägt durch die sorgfältige Analyse des Ortes, der für ein Wohnen im heutigen Stil nutzbar gemacht werden soll. Dort, wo er saniert und restauriert, tut er dies, ohne Spuren zu hinterlassen. Dort, wo neue Nutzungen entstehen sollen, setzt er Elemente in die Häuser ein, die sowohl statisch als auch ästhetisch für sich alleine stehen und die alte Struktur möglichst nicht antasten. Dies gelingt ihm mithilfe exzellenter Handwerker: Maler, die den alten Kalkputz von modernem Mineralputz mit bloßem Auge unterscheiden können, Schreiner, die so lange nach dem passenden Holz mit der gleichen Maserung und Tönung suchen, bis beschädigte Einbauten wiederhergestellt werden können. Um an den historisch wertvollen Kern eines bis zu 400 Jahre alten Bauwerks zu gelangen, ist es nicht selten nötig, Schicht für Schicht abzutragen. »Irgendwann weiß ich, dass wir unter allem Überflüssigen und Unansehnlichen auf das echte Haus gestoßen sind. Wann es so weit ist, erkennen ich und meine Mitarbeiter. Dabei geht es mir nicht um die korrekte Baugeschichte. Ich will das Wesen eines Hauses sichtbar machen – so wie ich es empfinde«, beschreibt der Architekt seine Vorgehensweise.

Im Fall der Chesa Perini traf Hans-Jörg Ruch im Jahr 1987 auf ein Haus, das zwar stark beschädigt war –

Linke Seite: Unter der kunstvoll gestalteten Decke in einem der Zimmer im Erdgeschoss werden ein graues Daybed und die Ahornstühle von Hans Wegner mit einer rohen Holzbank als Tisch kontrastiert.
Oben: Kostbare Sammlerstücke – holländisches Ebenholzkästchen mit Elfenbeineinlagen, eine türkische Textilarbeit und ein spanischer Barocktisch.

es regnete herein, und im Winter sprengte der Frost die feuchten Mauern –, das sich von der historischen Substanz her aber als gut erhalten erwies. Bei der Sanierung wurde als Erstes das Dach abgedichtet und das meterdicke Mauerwerk mit Stahlklammern gefestigt. Dank einer Ölheizung zog wohlige Wärme in die großen Flure und vielen Zimmer ein. Es wurden Bäder und Toiletten auf allen Stockwerken eingebaut, ohne die historischen Zimmerfolgen zu zerstören. Die vormals dunkle Küche erhielt eine moderne Edelstahlküchenzeile. Die neuen Elektroinstallationen wurden sorgfältig unter Putz gelegt, die Wände sodann frisch gestrichen, als wären sie nie angetastet worden. Lediglich aufgefrischt wurden die alten Böden, Wandvertäfelungen und kostbaren Einbauten. Das rückwärtig angebaute Wirtschaftsgebäude blieb unberührt und diente der Besitzerin viele Jahre als Holzlager und Abstellraum.

Wenn die Galerie von Bartha zur Vernissage einlädt, ist das weiß getünchte Gewölbe des Sulèrs festlich inszeniert. Frische Blumen stehen in tönernen Krügen, und auf einem langen Holztisch liegen Bündner Spezialitäten für die Gäste bereit. Wenn sie eintreffen, ist die Begrüßung herzlich und vertraut. Die meisten kennen sich und kommen seit vielen Jahren ins Engadin. Dass sie den heutigen Abend der Kunst widmen, ist eine Selbstverständlichkeit. Wer hier geladen ist, gehört zu einem Kreis von Sammlern, der sich für ein Linienbild von Imi Knoebel, eine Skulptur von Bernar Venet und museale Werke von Piet Mondrian, Theo van Doesburg, Hans Arp, Victor Vasarely, Jesus Rafael Soto oder Frantisek Kupka interessiert. »Viele meiner Kunden sind auch meine Freunde. Hier in S-chanf habe ich die Möglichkeit, sie bei mir zu Hause zu empfangen und ihnen gleichzeitig unsere Kunst zu zeigen«, sagt Miklos von Bartha, der als kleiner Junge mit seiner Mutter von Ungarn in die Schweiz kam und seine erste Galerie 1970 in Basel eröffnete. Diese Galerie gibt es noch immer, aber ihr Gründer ist inzwischen ins Engadin gezogen.

Für die Gäste ist der Besuch in der Chesa Perini immer ein Erlebnis. Die Werke an den Wänden wechseln regelmäßig. Unter dem Kreuzgewölbe des Sulèrs im Erdgeschoss hängt gerade ein Werk von Terry Haggerty. Der britische Künstler legte ein sich windendes Band aus roten Streifen über die flache Leinwand. Durch die Richtungswechsel erreicht er eine Plastizität, die den Betrachter zugleich fasziniert und fesselt. Die nur scheinbare Banalität des Motivs ermöglicht immer neue, spannende Sichtweisen und Perspektiven. Im gleichen Raum hat auch eine Fellskulptur von Isabel Schmiga ihren Platz gefunden. Das große »Q« verrät die Herkunft seines Materials. Von hier geht es auf der einen Seite in ein Zimmer mit sternförmigem Kreuzgewölbe und Kapitellen, das von der italienischen Renaissance inspiriert scheint. Ein graues Daybed und zwei helle Ahorn-Stühle von Hans Wegner bieten Platz für ein Gespräch. Der eklektische Stilmix wird von einem spanischen Barocktisch und einem antiken holländischen Ebenholzkästchen fortgesetzt. Genau gegenüber befindet sich die Stube. Sie ist das Herz eines jeden Engadinerhauses. An ihrer Ausstattung erkannte man den Reichtum und den Stand der Besitzer. Das an die Wand zum Flur gebaute Büfett aus kostbarem Nussbaumholz war einst wohl der ganze Stolz der Perinis.

Für den Kunstinteressierten ist der Höhepunkt jedoch der von außen schwarze, in den Stall eingebaute Kubus. Sein weißes Inneres wird immer wieder neu bespielt. »Hier entstehen durch und durch nichtkommerzielle Ausstellungen. Wir laden Künstler ein und geben ihnen einen Raum. Die Galerie soll leben«, erklärt Miklos von Bartha. Für die Wintermonate 2012 erdachte Boris Rebetez eine Balkenkonstruktion, die sich ganz mit dem Bauwerk verband. Seine den Raum greifende und überspannende Installation aus Holz, Acryl und Plexiglas antwortete auf die Arbeit von Hans-Jörg Ruch. Wohlwissend, dass auch der Architekt mit seiner an der Decke nach dem Licht greifenden Raumskulptur etwas Einzigartiges geschaffen hat.

> FÜR DEN KUNSTINTERESSIERTEN IST DER HÖHEPUNKT JEDOCH DER VON AUSSEN SCHWARZE, IN DEN STALL EINGEBAUTE KUBUS.

Linke Seite: Hinter dem stolzen Patrizierhaus mit drei Etagen befindet sich die sienafarbene Scheune. In ihr wurde jahrhundertelang das Heu für die Kühe gelagert. Heute beherbergt sie einen mit Bitumen gestrichenen Bau, der Teil der Galerie von Bartha ist.
Oben: Boris Rebetez bespielte den Kunst-Kubus im Winter 2012 mit einer weißen Balkenkonstruktion.
Rechts: Zwischen den alten Scheunenmauern und dem schwarzen Galeriegebäude verläuft nur ein schmaler Gang.

Champfèr

HOUSE OF STYLE

Er ist der Mann, der die Daunenjacke zum Modestatement machte. Remo Ruffini, Inhaber und kreativer Kopf des Bekleidungsunternehmens Moncler, kommt schon von jeher ins Engadin. In Champfèr fand er ein Haus, das er seinem Geschmack entsprechend umbauen ließ.

Freitagabend nach der Arbeit fahren wir für gewöhnlich in Como los – den See entlang immer in Richtung Norden. Wenn wir spät dran sind, kehren wir in Mese, kurz vor der Schweizer Grenze, zum Essen ein. Haben wir genug Zeit, fahren wir durch und gehen mit Freunden in St. Moritz aus. Aber allzu spät sollte es nicht werden, denn in den Bergen beginne ich den Tag am liebsten sehr früh am Morgen. Dann ist das Licht am schönsten, und die Pisten sind noch unberührt«, erzählt Remo Ruffini. Der Italiener muss es wissen, schließlich stand er schon als Kind regelmäßig auf Skiern. Schon als er zwei Jahre alt war, nahmen seine Eltern ihn mit ins Engadin. Heute kommt er mit seiner Frau Francesca, manchmal in Begleitung der beiden erwachsenen Söhne Romeo und Pietro. Die Familie ist dem Unternehmer wichtig, auch wenn er einen Großteil seiner Zeit der Arbeit widmet.

Dieses Wochenende wird eine Journalistin aus London erwartet. Remo Ruffini trifft sie auf 2060 Metern Höhe in Salastrains, beantwortet geduldig ihre Fragen und lässt sich nach dem Interview mit einer Gruppe Skilehrern im Moncler-Outfit fotografieren. Dann übernimmt sein PR-Manager. Der Chef zieht sich zurück in sein Haus in Champfèr, einem Ortsteil von St. Moritz. Es ist noch keine zwei Jahre her, dass er es bezogen hat. Zuvor besaß er eine Wohnung im Zentrum, ganz in der Nähe des Moncler-Shops an der Via Maistra. Der befreundete Architekt Arnd Küchel hatte ihn darauf aufmerksam gemacht, dass das Haus des ehemaligen Försters zum Verkauf stand. Ein solches Angebot gibt es nicht alle Tage, dachte sich der Modemacher und zögerte nicht lange. Als der Kaufvertrag unterschrieben war, machte er sich mit Küchel an die Planung des Umbaus.

Das Gebäude war in den 1950er-Jahren erbaut worden und wirkte wie eine Mischung aus Alpenchalet und Jagdhütte. Sein rustikales Äußeres gefiel dem neuen Besitzer. Da es baufällig war, bedurfte es jedoch einer grundlegenden Sanierung. Die Fassade blieb zum größten Teil erhalten, das Innere jedoch wurde entkernt und der Grundriss ganz auf die Bedürfnisse des Bauherrn zugeschnitten. Das zeigt sich schon im Eingangsbereich: Die unterste Etage wird fast gänzlich von einem einzigen Raum eingenommen, der als Empfang und Wohnzimmer zugleich dient. Auf dem Boden wurde Serpentin aus dem Valmalenco verlegt, die Wände sind mit alten Fichtenholzbrettern verkleidet. Unter der weiß gestrichenen Decke verläuft ein verdeckt angebrachtes Lichtband, das den Raum in ein warmes Licht taucht und sonstige Leuchten überflüssig macht. Eine riesige Sofabank mit unzähligen,

»IN DEN BERGEN BEGINNE ICH DEN TAG AM LIEBSTEN SEHR FRÜH AM MORGEN. DANN IST DAS LICHT AM SCHÖNSTEN, UND DIE PISTEN SIND NOCH UNBERÜHRT.«

Vorhergehende Doppelseite: Lange Bänke laden an die beiden Esstische auf der Wohnetage ein. Die Stühle aus Kastanienästen stammen vom französischen Designer und Künstler Christian Astuguevieille.
Linke Seite: Das Haus wurde in den 1950er-Jahren gebaut und 2011 grundlegend saniert.
Oben: Das Entree ist auch ein gemütlicher Aufenthaltsraum.
Rechts: Ein Paravent schirmt die Polsterbank gegen die Haustüre ab.

akkurat nebeneinander platzierten Kissen schmiegt sich in eine Nische. Für die mit Kedern eingefassten Bezüge wählte Remo Ruffini feinstes Tuch aus Shetlandwolle – man merkt gleich, dass hier ein Mann mit Liebe zum Detail am Werk war. Über dem Sofa hängt eine Monotypie des österreichischen Künstlers Herbert Brandl, der mit breiten Pinselstrichen ein Bergmotiv des Fotografen Peter Vann interpretierte. Auch die beiden Armlehnstühle aus ungeschälter Kastanie sind handgefertigte Einzelstücke. Sie stammen von dem Pariser Designer Christian Astuguevieille. Ein großer Paravent, der die Sitzgruppe gegen den Eingang und die Garderobe abschirmt, sorgt für Privatsphäre.

Im bergseitigen Teil des Erdgeschosses sind zwei Gästezimmer untergebracht. Zwischen ihnen liegt der Treppenaufgang. »Er war schmal und schmucklos, darum habe ich nach einer Möglichkeit gesucht, ihn aufzuwerten«, sagt der Hausherr. Er setzte sich mit dem französischen Illusionisten Mathias Kiss in Verbindung, der die Wände mit Nadelbäumen und Felsformationen in Anthrazit und hellen Grautönen bemalte. Die Waldatmosphäre löst sich auf, sobald man den ersten Stock betritt. Auch hier gibt es – außer der Küche – nur einen einzigen großen Raum, der sich über zwei Ebenen erstreckt. Der höher gelegene Teil ist mit einer langen Holzbank, zwei Tischen und einer Sitzgruppe möbliert. Im tiefer gelegenen Teil an der Hangseite zieht ein geschwärzter offener Stahlkamin alle Blicke auf sich. Um ihn gruppieren sich bequeme Polsterbänke, die zum Verweilen einladen. Es sind die gleichen Möbel wie im Eingangsbereich. Das graue Wolltuch bekommt hier allerdings Gesellschaft von edlen Felldecken und -kissen. Auch die Kastanienholzstühle tragen Pelz. Die passenden Accessoires brachte der Hausherr von seinen vielen Geschäftsreisen mit. Über dem Esstisch hängen zwei Leuchten mit Bleiglasschirmen, die er in einem Laden an Londons Design-Meile Pimlico Road fand. Einen großen Teil der Tierskulpturen kaufte Ruffini bei einem Antiquitätenhändler in Brüssel, und einige Teppiche stammen aus Marrakesch.

Der Italiener – Sprössling einer Familie von Textilfabrikanten – hat seinen Beruf von der Pike auf gelernt. Als junger Mann ging er nach Boston, um Modemarketing zu studieren. Fasziniert vom Lebensgefühl der amerikanischen Ostküste, gründete er – zurück in Europa – sein erstes eigenes Unternehmen, das Sportsware-Label »New England«. Anschließend arbeitete er als Creative Director für Henry Cotton's, Marina Yachting und Moncler. 2003 übernahm er Moncler und baut das Unternehmen seither mit Unterstützung von Investoren kontinuierlich aus. Es verkauft seine Produkte heute weltweit in 78 eigenen Boutiquen. Neben der Damen- und Herrenkollektion vertreibt es die Designerkollektionen »Gamme Rouge« und »Gamme Bleu«, die Heritage-Linie »Grenoble« und mehrere Kinderkollektionen. Monclers Herzstück und Bestseller aber ist und bleibt die Daunenjacke. Sie wurde ursprünglich in den französischen Alpen für die Arbeit im Freien entwickelt und später von Extremsportlern als praktische Outdoorbekleidung entdeckt. Seitdem hat sich viel verändert. Moncler-Daunenjacken gibt es in allen erdenklichen Schnitten und Farben, wahlweise mit Stoff, Strick oder Pelz kombiniert. Nur bei der Füllung hält man sich an Altbewährtes: Die Gänsedaunen stammen wie eh und je aus dem wasserreichen Périgord im Südwesten Frankreichs, dessen spezielles Klima den Wuchs des Gefieders fördert. Die Federn sind so warm und leicht, dass die damit gefütterten Herrenjacken nicht mehr als 220 Gramm wiegen. Damenjacken bringen ganze 160 Gramm auf die Waage und schützen trotzdem zuverlässig vor Kälte und Wind.

Natürlich eignen sich die Fünf-Sterne-Daunen auch für Federbetten der Extraklasse. Sie wärmen in allen maßgeschreinerten Betten im Hause Ruffini und tragen weiße Bezüge aus feinster merzerisierter Baumwolle. Doch damit nicht genug: Die Matratze im großen Schlafzimmer hat zusätzlich noch eine mit Daunen gefüllte Auflage. Ein Luxus, auf den der Hausherr in den Bergen nicht mehr verzichten möchte. Sein Gespür für Stil und Qualität spielte er auch bei der Gestaltung der übrigen Räume aus. Die Einbauten in den drei Schlafzimmern unter dem Dach wurden aus altem Fichtenholz gefertigt. Verdeckt angebrachte Leuchten in den Nischen und unter der Decke spenden ein warmes, behagliches Licht.

Kuschelige Felldecken runden den Look ab. Perfekte Harmonie herrscht auch in den Bädern. Die Waschbecken sind aus schweren Natursteinplatten zusammengefügt. Elegante schwarze, in die Dachschräge eingelassene Spots setzen Lichtakzente. Sogar Handtücher und Morgenmäntel wurden im passenden Farbton gewählt.

Es ist Sonntagnachmittag. Die Ruffinis kommen gerade von einem langen Spaziergang aus dem Nachbarort zurück. Schon verstopft der Rückreiseverkehr die Straßen rund um St. Moritz, doch das Ehepaar lässt sich nicht aus der Ruhe bringen. Vor der Abfahrt nach Italien werden die beiden noch in Champfèr zu Abend essen. »Schließlich reicht es, wenn wir gegen zehn Uhr zu Hause ankommen – wunderbar ausgeruht für den Start in die neue Woche.«

Linke Seite: An die Wände des Treppenhauses malte der französische Künstler Mathias Kiss eine Bergszene in Grautönen. Serpentinstufen führen in den ersten Stock.
Rechts: Im oberen Teil gibt es keinen Nadelwald mehr, dafür reichen die Bergspitzen bis unters Dach.

EINEN GROSSEN TEIL DER TIERSKULPTUREN KAUFTE REMO RUFFINI BEI EINEM ANTIQUITÄTENHÄNDLER IN BRÜSSEL, UND EINIGE TEPPICHE STAMMEN AUS MARRAKESCH.

Linke Seite: Der offene Kamin aus geschwärztem Stahl befindet sich in einem Bereich des Wohnraums, der etwas tiefer liegt als der übrige Teil.
Oben: Alle Polstermöbel im Haus wurden mit einem Tuch aus edler grauer Shettland-Wolle bezogen.
Rechts: In der Küche, die neben dem Essplatz liegt, gibt es einen praktischen kleinen Sitzplatz für ein schnelles Mahl.

SEIN GESPÜR FÜR STIL UND QUALITÄT SPIELTE DER HAUSHERR AUCH BEI DER GESTALTUNG DER SCHLAFZIMMER AUS.

Oben: In allen Schlafzimmern sind die Schränke in die Wandverkleidung integriert. Auch die indirekte Beleuchtung wurde vom Architekten geplant.
Links: Die breiten Waschbecken in den Badezimmern sind ganz aus grauem Serpentin gearbeitet.
Rechte Seite: In einer Ecke des Master Bedrooms steht ein kostbarer Geweihsessel.

S-chanf

VILLA FLOR

In ihrer Pension empfängt Ladina Florineth Menschen, die die Intimität und Ruhe eines kleinen Hauses schätzen, und gibt Künstlern die Möglichkeit, sich einem ausgewählten Publikum zu präsentieren.

Ein Gästehaus führen. Irgendwo an einem idyllischen Ort, fernab der Stadt und der Hektik des Alltags. Interessante Menschen bei sich zu Hause begrüßen, Gäste wie Freunde bewirten, einen Salon gründen, Kunstausstellungen organisieren. Die Engadinerin Ladina Florineth hat zu ihrer Aufgabe gemacht, wovon andere Menschen nur träumen können. In S-chanf, einem Dorf am Oberlauf des Inns, fand sie ein Haus, das für ihre Zwecke geradezu prädestiniert schien: ein schmuckes Gebäude mit lachsfarbenem Anstrich, schmiedeeisernen Geländern und hellblauen Läden vor den Fenstern mit den weiß gestrichenen Rahmen. Sein Erscheinungsbild unterscheidet sich stark von dem der massiven Nachbarhäuser im Engadiner Stil, deren dicke Mauern und kleine Fenster vor winterlicher Kälte schützen. Das Haus, das die Familie Cloetta 1904 nach ihrer Rückkehr aus Bergamo baute, erfüllte von Anfang an eher ideelle als praktische Zwecke: Es sollte ihren in Norditalien erworbenen Wohlstand zum Ausdruck bringen. In der Fremde hatte die Familie den neoklassizistischen städtischen Baustil kennengelernt, der sich in dieser Zeit auch andernorts im Engadin verbreitete.

Für Ladina Florineth begann mit dem Kauf des Hauses an der Hauptstraße von S-chanf ein neuer Lebensabschnitt. »Meine Tochter Sophie stand kurz vor dem Abitur, und ich leitete bereits seit einigen Jahren die Galerie von Monica De Cardenas in Zuoz, wo ich viele Eindrücke sammeln und Kontakte knüpfen konnte. In mir wuchs das Gefühl, dass es an der Zeit war, etwas anderes zu machen«, erzählt sie. Vor der Familiengründung hatte sie als Freelance-Visagistin unter anderem für den Mode- und Filmemacher Willy Bogner und Swatch gearbeitet, eine Zeit lang in New York gelebt und in München bei der Frauenzeitschrift *Elle* eine Ausbildung zur Bildredakteurin absolviert. Das neue Domizil würde der Kosmopolitin die Möglichkeit geben, ihre Vision von einem Ort der Begegnung zu verwirklichen. Ihr Talent zum Einrichten hatte sie bereits in einem 400 Jahre alten Engadiner Haus in Cinuos-chel unter Beweis gestellt.

Auch dem Verkäufer gefiel die Idee, das Haus in S-chanf in ein Gästehaus zu verwandeln. Im Dorf und in den umliegenden Gemeinden gab es einige alteingesessene Hotels, zu denen Ladina Florineths Pension mit ihrem unkonventionellen Konzept gut passen würde. Wie alle Schweizer Ferienregionen hat auch das Engadin seine liebe Not mit den »kalten Betten«, weil Ferienwohnungen und Hotels oft nur an wenigen Wochen im Jahr belegt sind. Da ist es sinnvoll, alternative Konzepte zu entwickeln, um Gäste anzusprechen, die vorher in der Region nicht

das passende Angebot fanden. »Was im Engadin an vielen Orten verloren ging, ist die Authentizität. Wir müssen unsere Wurzeln wiederfinden und zu unserer Geschichte stehen«, findet Ladina Florineth, die in Ftan geboren ist und in St. Moritz aufwuchs.

Nur die wenigen Autos, die die Nationalstraße verlassen haben, fahren durch das Dorf. Die Villa Flor, wie die Gastgeberin ihr Haus in Anlehnung an ihren Familiennamen genannt hat, ist von außen nur anhand eines glänzenden Messingschilds links neben der Eingangstür als solche zu erkennen. Neuankömmlingen wird die Anreise beschrieben, Stammgäste kennen den Weg. Was viele immer wieder zurückkehren lässt, ist die intime Atmosphäre des geschmackvoll eingerichteten Hauses, das sieben Gästezimmer besitzt. Im Hochparterre befindet sich der Salon. Seine mit Jugendstilmotiven bemalte Decke wurde sorgsam restauriert. Die Wände sind bis auf halbe Höhe mit rot gerahmten Holzkassetten vertäfelt; darüber prangt eine leuchtend rote Tapete mit Blumenmotiven. Der Raum ist mit einem Sofa aus der Entstehungszeit des Hauses, zwei Sesseln samt Hockern, einem 1950er-Jahre-Klubtisch, einer Stehleuchte aus der gleichen Epoche, einem alten Kachelofen und einem Nussbaumklavier ausgestattet. Bunte Blumenstoffe von Kenzo, Pierre Frey und Etro die zu Gardinen, Kissen- und Polsterbezügen verarbeitet wurden, steigern die Intensität der Raumwirkung. Hier können die Gäste sich treffen, niederlassen und verweilen. Die sogenannte Arvenstube daneben dient als Frühstücksraum. Sie wurde zwar mit dem für die Region typischen Holz vertäfelt, wirkt aber ganz und gar nicht rustikal, sondern dank dem eleganten Deckenspiegel für ihre Entstehungszeit äußerst modern. Der große Chromlüster – ein Zufallsfund aus Paris – stammt vermutlich von Gino Sarfatti (1912–1984). Auf der anderen Seite des gefliesten Flurs, der sich über die ganze Länge des Hauses erstreckt, auf der straßenabgewandten Seite, befindet sich die professio-

Vorhergehende Doppelseite: Unter dem Dach befinden sich zwei große Gästezimmer. Beide sind mit einer Tapete der amerikanischen Künstlerin Francesca Gabbiani ausgestattet.
Linke Seite: Die alten Dachbalken wurden zum gestaltenden Element. Gauben sorgen für Licht im Raum.
Oben: Kunst, 1950er-Jahre-Möbel und feine Stoffe gehen in der Villa Flor eine dekorative Liaison ein.

nell eingerichtete Küche. Hier kocht Ladina Florineth die legendären Marmeladen, die zum Frühstück gereicht werden, nach den Rezepten ihrer Großmutter. Auch Brot, Olivenöl und Rotwein aus Sardinien sind in der Villa Flor immer vorrätig. Ladina Florineth liebt die Mittelmeerinsel. Wenn die Pension im Oktober ihre Pforten schließt, bricht sie mit ihrer Hündin Kalua gen Süden auf. Einen guten Monat später kommt sie ins Engadin zurück – um gleich wieder

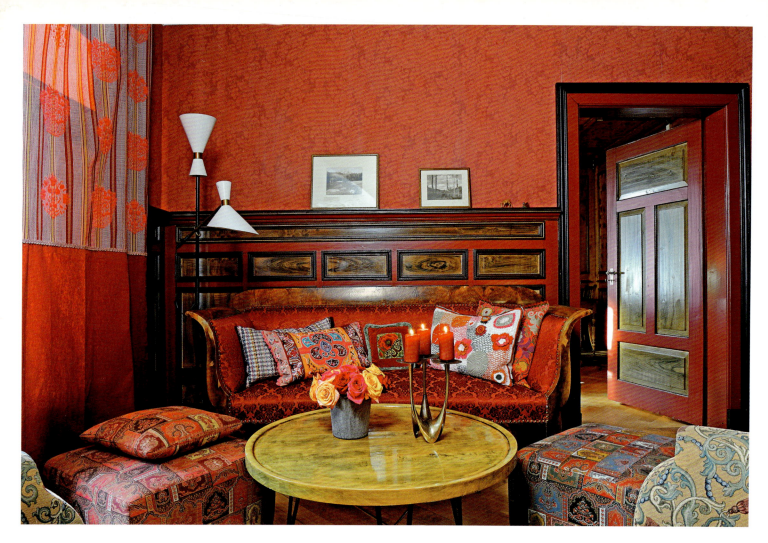

»WAS IM ENGADIN AN VIELEN ORTEN VERLOREN GING, IST DIE AUTHENTIZITÄT. WIR MÜSSEN UNSERE WURZELN WIEDERFINDEN UND ZU UNSERER GESCHICHTE STEHEN.«

Oben: Im Salon wurde die alte Wandvertäfelung mit leuchtendem Rot aufgefrischt. Bunte Stoffe von Kenzo, Pierre Frey und Etro setzen Akzente.
Links: Der antike Kachelofen aus der Entstehungszeit des Hauses konnte erhalten werden.
Rechte Seite: Wer hier zum Frühstück Platz nimmt, bekommt frische Brötchen, selbstgemachte Marmelade, Birchermüsli und Bündner Bergkäse.

die Koffer zu packen. New York, Paris oder Madrid stehen regelmässig auf dem Programm. Ab Mitte Dezember ist dann alles bereit für die ersten Wintergäste.

Während des achtmonatigen Umbaus wurde den Gästezimmern die meiste Aufmerksamkeit zuteil. Jedes ist anders gestaltet und mit einem eigenen Bad ausgestattet. Zusammen mit dem in Zuoz ansässigen Architekten Christian Klainguti entwarf die Hausherrin raffinierte Grundrisse. Statt konventionelle Nasszellen einzubauen, trennte sie Waschbecken, Duschen und Badewannen nur mit Wandschirmen aus geätztem Glas vom Wohnraum ab. Die Ausstattung orientiert sich an der schlichten Funktionalität des Bauhausstils; die Farben stammen aus der von Le Corbusier entwickelten Palette. Zimmer 1 befindet sich im Erdgeschoss und misst 42 Quadratmeter. So hat neben dem Bett mit dem karierten Bezug auch noch ein Sofa Platz. Die Zimmer 2 bis 5 liegen im zweiten Stock, den man über eine alte Holztreppe mit Eisengeländer erreicht. Die Holzvertäfelung ist mal türkis, mal hellblau getönt, und in einem Zimmer wurden die Wände graubeige gestrichen. Das Licht, das durch die hohen Kastenfenster strömt, lässt die frische, weiße Bettwäsche regelrecht erstrahlen. Blumenstoffe setzen bunte Farbtupfer. Im neu ausgebauten Dachgeschoss wurden neben dem mit Bänken und Liegestühlen ausgestatteten Balkon, der den Cloettas einst zum Wäschetrocknen diente, noch zwei weitere großzügige Gästezimmer untergebracht. Um mehr Tageslicht ins Haus zu lassen, errichtete der Zimmermann eine dritte Gaube auf dem Dach. Gleichzeitig legte er das alte Gebälk frei. In beiden Räumen schmückt eine Tapete der amerikanischen Künstlerin Francesca Gabbiani

DIE AUSSTATTUNG ORIENTIERT SICH AN DER SCHLICHTEN FUNKTIONALITÄT DES BAUHAUSSTILS, DIE FARBEN STAMMEN AUS DER VON LE CORBUSIER ENTWICKELTEN PALETTE.

Linke Seite: Historische Räume mit alten Öfen begrüßen die Gäste auch im ersten Stock des Hauses.
Oben: Natürlich dürfen auf den antiken Nachttischchen mit edlen Marmorplatten die Vintage-Leuchten nicht fehlen.
Rechts: In diesem Zimmer belebt der Mix aus schottischen Karostoffen, blütenweißer Bettwäsche und bunten Blumenmustern das Interieur.

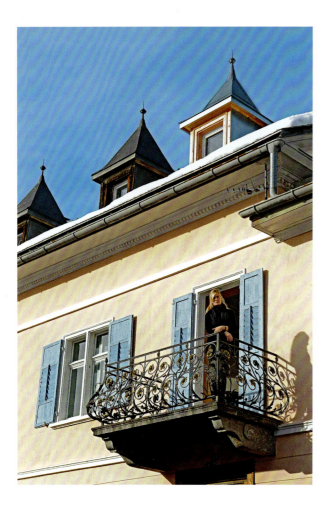

die Wände. Sie zeigt schwarz-weiße Strichzeichnungen von Baumstämmen und ist nur eines von vielen Kunstwerken, die in der Villa Flor eine Heimat gefunden haben.

Denn die Pension versteht sich nicht nur als Unterkunft für Menschen, die das Engadin besuchen. Sie möchte auch eine Herberge für Künstler und ihre Arbeiten sein. So fand seit der Eröffnung am 15. August 2009 schon eine ganze Reihe von Ausstellungen statt. Die erste wurde in Zusammenarbeit mit der Berliner Galeristin Sassa Trülzsch konzipiert: Während der »St. Moritz Art Masters« im Sommer 2010 zeigte die Künstlerin Karin Sander ihre naturalistischen Miniaturfiguren in der Villa Flor. Eine davon steht noch heute im Büro vis-à-vis vom Eingang, das auch als Rezeption dient. 2011 kam Fiete Stolte nach S-chanf. Er stimmte seine Arbeiten ganz bewusst auf die Gegebenheiten des Hauses ab, und verspiegelte sogar alle Fenster und hinterließ eine emaillierte Platte mit der Aufschrift »If I wasn't this house I would be a lake« an der Fassade. Im Sommer 2012 zeigte der in London und St. Moritz lebende Designer Rolf Sachs seine Möbel und Installationen in der Villa Flor und der nahe gelegenen Galerie von Bartha. Seine Frau Maryam präsentierte ein Jahr später Zeichnungen, mit denen der Italiener Enzo Cucchi den von ihr publizierten Gedichtband *Bellante* illustriert hatte. Im Anschluss brachte die Turiner Galerie Noire Vintage-Fotografien und Positionen der Arte Povera nach S-chanf.

Aus der Zusammenarbeit mit den Künstlern sind viele Freundschaften entstanden. Ladina Florineth versteht es, Kreativ aus verschiedensten Disziplinen zusammenzubringen. Im Souterrain des Hauses, wo sie selbst ihre Wohnräume hat, gibt es einen Speisesaal mit einem offenen Kamin und einer großen Tafel, an der sie gerne Gäste bewirtet. Häufig zu Gast ist beispielsweise die Architektin Barbara Holzer. Ob es in der Villa Flor vielleicht einmal eine Ausstellung zu ihrer Arbeit geben wird? Möglich wäre es. Bei der Auswahl der Exponate zählt für die Hausherrin nur eines: »Die Kunst muss mir gefallen; und zum Geist des Hauses passen.«

Links: Ladina Florinett auf dem Balkon ihrer Pension. Das Haus wurde 1904 von einer Engadiner Familie erbaut, die viele Jahre in Norditalien lebte und einen städtischen Architekturstil mitbrachte.
Rechte Seite: Auf der zweiten Etage gibt es eine kleine öffentliche Bibliothek, die immer wieder von wechselnden Künstlern bespielt wird.

Ardez

EIN HAUS WIE EINE SKULPTUR

Während der Engadiner Bildhauer Not Vital rund um den Globus unterwegs ist, lebt sein Werk in Ardez auch ohne ihn. Neben vielen eigenen Arbeiten hat er hier seine private Kunstsammlung und eine Bibliothek alter rätoromanischer Schriften untergebracht.

Man kann nicht wirklich behaupten, Not Vital würde irgendwo wohnen. Er ist ständig auf Reisen – quer durch alle Kontinente. »Ich lebe mal da und mal dort, aber mein Haus in Ardez ist so etwas wie mein Rückgrat. Das, was von mir bleiben wird«, sagt der Engadiner Bildhauer mit den wachen Augen, die ihr Gegenüber genauso aufmerksam fixieren wie alles andere rundum. Vor neun Jahren kaufte er das fast 400 Jahre alte Haus und formt es seitdem zu einem Kunstwerk um. Die Voraussetzungen sind ideal: Das Gebäude ist ein architektonisches Meisterwerk und war schon früher das schönste Haus am Platz. Mit seinen sechs Stockwerken ist es so groß und gewaltig, dass es seine Umgebung buchstäblich überragt. »Ardez ist nie abgebrannt, im Gegensatz zu vielen anderen Dörfern hier. Das ist einzigartig«, erzählt Not Vital. So blieben Gebäude aus verschiedenen Jahrhunderten erhalten, viele annähernd im Originalzustand. So auch das Herrschaftshaus der Familie von Planta-Wildenberg. Der deutsche Kunsthistoriker Erwin Poeschel erwähnte es 1945 in seinem *Frühbericht über das Engadiner Haus* als Beispiel für eines der ersten Hochhäuser in der Region. Im Jahr seiner Fertigstellung, 1622, kam es noch etwas bescheidener daher, doch gut hundert Jahre später wurde es aufgestockt und erhielt seine stattliche Gestalt.

Es war ein Glücksfall, dass das Gebäude im Jahr 2004 mitsamt seinen alten Möbeln zum Verkauf stand. Auch Holzeinbauten und Vertäfelungen waren fast vollständig erhalten. Statt einer ausgeweideten Hülle, wie es bei der Veräußerung historischer Immobilien häufig der Fall ist, boten die Eigentümer ein Denkmal von hohem Wert feil. Das bedeutete allerdings auch, dass die Instandsetzung besonderen Ansprüchen genügen musste. Für Not Vital eine willkommene Herausforderung, die er zusammen mit seinem Bruder, dem in Sent ansässigen Architekten Duri Vital annahm. Dieser ist in der Region bekannt für seine fachkundige und stilsichere Arbeit. In den letzten Jahren hat er so manches alte Engadinerhaus zu neuem Leben erweckt.

Die Renovierung erfolgte in enger Zusammenarbeit mit der Denkmalpflege Graubünden. Wo der Zahn der Zeit am Mauerwerk genagt hatte, wurde es wiederhergestellt. Nur wenige der geschichtsträchtigen Böden ließ Duri Vital durch neue ersetzen, und die Holzeinbauten wurden so zurückhaltend instand gesetzt, dass selbst Fachleute die Eingriffe erst auf den zweiten Blick als solche erkennen. Es kamen ausschließlich historisch verbürgte Materialien zum Einsatz, beispielsweise Putz aus Sand, Kalk und Kuhmist. Wurde Neues hinzugefügt, geschah dies mit größter

»ICH LEBE MAL DA UND MAL DORT, ABER MEIN HAUS IN ARDEZ IST SO ETWAS WIE MEIN RÜCKGRAT. DAS, WAS VON MIR BLEIBEN WIRD.«

Vorhergehende Doppelseite: Kunsthistoriker bezeichnen das Haus in Ardez, in dem der Bildhauer Not Vital wohnt, als eines der ersten Hochhäuser im Engadin.
Linke Seite: In einem der Zimmer steht auf einer alten Truhe eine Zeichnung, die der Hausherr von dem befreundeten Künstler Jean-Michel Basquiat in New York geschenkt bekam.
Oben: Viele Werke des Bildhauers sind von seiner Heimat geprägt, wie die Skulptur aus Kälberhälften, ein gegossener Kuhfladen und eine riesige Kuhzunge.
Rechts: Das blau getünchte Bad.

ES WAR EIN GLÜCKSFALL, DASS DAS GEBÄUDE IM JAHR 2004 MITSAMT SEINEN ALTEN MÖBELN ZUM VERKAUF STAND.

Oben: In einer der Schlafkammern steht ein antikes, bemaltes Bett. Die Patina der Wände wurde bei der Renovierung nicht angetastet.
Links: In diesem Patrizierhaus sind die Holzeinbauten aufwendig mit Marmordekor bemalt. An der Decke zeugt ein Relief von der Kunstfertigkeit der Handwerker.
Rechte Seite: Not Vitals Arbeiten vor historischer Pracht. Das weiße Geweih trägt die Buchstaben »FUCK OFF«.

Diskretion. Die Leuchten sind unauffällig platziert, und auch die minimalistischen grauen Heizkörper fallen kaum ins Auge.

Auf Schritt und Tritt begegnet man Werken aus Not Vitals großer Kunstsammlung – sowohl eigenhändig gefertigten Skulpturen als auch Arbeiten anderer Künstler, die der 65-Jährige im Laufe der Jahre zusammengetragen hat, zum Beispiel von Alberto Giacometti, Andy Warhol, Alighiero Boetti, Max Ernst, Jasper Johns und Louise Bourgeois. Auf eine Zeichnung von Jean-Michel Basquiat – sie thront auf einer mit prächtigen Schnitzereien verzierten Arvenholztruhe – ist Not Vital besonders stolz: Sie zeigt einen behelmten Kopf, den der Maler 1981 mit »Soviet Astronot« untertitelte. Damit ist kein anderer als sein Freund Not gemeint. Ein ganz und gar sinnliches Erlebnis bietet das ultramarinblau gestrichene Badezimmer. Darin stehen Seite an Seite zwei aus weißem Carrara-Marmor gehauene Wannen – außen rau, innen glatt poliert. Not Vital nennt sie »Conversation Pieces«. In der Stube hängt gegenüber der alten, original bemalten Anrichte ein Geweih aus weiß patiniertem Stahl mit aufgesetzten Buchstaben, die sich zu »FUCK OFF« zusammensetzen lassen. Im Flur steht eine achtbeinige, aus vier Kälberhälften zusammengesetzte Skulptur neben einer überdimensionalen, schwarz lackierten Nachbildung einer Rinderzunge und einem in Bronze gegossenen Kuhfladen.

In seinen Werken unterstreicht Not Vital oft das Archaische, Ursprüngliche. Er stilisiert die Dinge in seiner Umgebung, seziert sie, setzt sie neu zusammen. Oder er überlässt die Gestaltung der Natur und hält fest, was übrig bleibt. So, wie bei der Installation, die im Keller des Hauses ihren Platz gefunden hat: Rund um eine Holzstütze verteilen sich 14 Tonkugeln auf dem Kiesboden. In jede Kugel ist ein Stück eines an der Sonne getrockneten toten Kamels eingeschlossen. Diese Arbeit entstand vor etwa zehn Jahren im nordafrikanischen Niger. In der Tuareg-Stadt Agadez baute Vital mehrere Häuser, begehbare Skulpturen und eine Schule für die einheimischen Kinder. Auch der Berg von in Gips gegossenen Kamelschädeln, der sich in der Scheune auftürmt, ist ein Relikt aus dieser Zeit.

Meist verbringt der Hausherr nur die Sommermonate im Engadin. Seine Projekte führen ihn in alle Welt: zum Beispiel nach Nepal, wo er durch den Verkauf seiner Kuhfladenabgüsse ein Spital finanzieren konnte, oder nach Südchina, wo er Häuser baut, die keinem anderen Zweck als der Beobachtung des Sonnenuntergangs dienen. Seit vier Jahren besitzt Not Vital in Peking ein Atelier, in dem er ein Dutzend Assistenten beschäftigt. »Im Engadin werde ich immer von den Bergen abgelenkt. In der Großstadt, die dreckig und laut ist, kann ich mich völlig auf meine Arbeit konzentrieren«, erklärt er. Seine Werke wurden unter anderem bereits auf der Biennale in Venedig, in der Kunsthalle Bielefeld, der Kunsthalle Wien, in der Galerie

Thaddaeus Ropac in Paris, im Guggenheim-Museum und im Museum of Modern Art in New York gezeigt.

»Schon als Kind habe ich am liebsten Hütten gebaut. Während der fünf Monate Sommerferien waren wir praktisch immer draußen«, erinnert sich Not Vital. In Sent, seinem Heimatdorf, lebte einst auch Max Huggler, der langjährige Direktor des Berner Kunstmuseums und zeitweilige Verwalter des Nachlasses von Paul Klee. Als der junge Not Vital mit ihm und seiner Sammlung Bekanntschaft schloss, wurde der Wunsch geweckt, selbst Künstler zu werden. Sein Vater, ein Holzhändler, schickte den gerade 20-Jährigen zum Kunststudium nach Paris und Rom. Für die Region war das nichts Ungewöhnliches. Schon im 15. Jahrhundert waren die jungen Leute ausgezogen, um ihr Glück anderswo zu suchen. Die »Randulins«, wie die Auswanderer nach dem rätoromanischen Wort für Schwalben genannt wurden, gingen einst als Zuckerbäcker nach Norditalien und Venedig. Not Vital zog es weiter. In den 1980er-Jahren lebte und arbeitete er in New York in der Künstlergemeinschaft um Julian Schnabel und Jean-Michel Basquiat.

Seine Wurzeln hat der Engadiner jedoch nie vergessen. 1999 übernahm er einen verwilderten historischen Park in der Nähe seines Geburtsortes Sent und gestaltete ihn mit der Hilfe seines Bruders zu dem Skulpturengarten »Not dal Mot« um. Als sich mit dem Kauf des Hauses in Ardez erneut die Chance ergab, ein Stück Engadiner Kultur zu bewahren, gründete der Künstler die »Fundaziun Not Vital«. Neben der Verwaltung und dem Archiv seiner Kunstsammlung beherbergt sie auch eine einzigartige Bibliothek alter Schriften in rätoromanischer Sprache – der in Graubünden gesprochenen vierten Landessprache der Schweiz. Unter den Schätzen, die Not Vital in den letzten 30 Jahren zusammengetragen hat, befinden sich unter anderem das erste in »Romantsch« geschriebene Buch des Dichters, Übersetzers und Historikers Durich Chaimpell aus dem 16. Jahrhundert sowie mehrere Schriften von Giachem Bifrun (1506–1572).

Im August ist Not Vital sicher in Ardez. Dann öffnet er sein Haus für Besucher und stellt die Werke befreundeter, meist junger Künstler aus. Sie bringen frischen Wind in das alte Gemäuer. Und zumindest für ein paar Wochen widmet sich der Bildhauer dem Ort, der einmal sein Vermächtnis werden soll.

Linke Seite: Blick in die heutige Küche, die vom Architekten Duri Vital zweckmäßig eingerichtet wurde. Wärme spendet ein Heizkörper aus Stahl.
Rechts: Das Bad wirkt gleichnishaft: Ein reines, weißes Marmorwaschbecken steht vor einer Wand, an der verschiedene Spiegel hängen.

»IM ENGADIN WERDE ICH IMMER VON DEN BERGEN ABGELENKT. IN DER GROSSSTADT, DIE DRECKIG UND LAUT IST, KANN ICH MICH VÖLLIG AUF MEINE ARBEIT KONZENTRIEREN.«

Linke Seite: Natürlich gehört zum Haus auch eine große Scheune. In ihr wurden viele Arbeiten des Bündner Künstlers untergebracht.
Oben: Im Keller ist eine Installation aufgebaut, die an die Zeit erinnert, in der Not Vital in Nordafrika lebte.
Rechts: Die Bibliothek im Haus bewahrt seltene Schriften und Bücher, die in rätoromanischer Sprache geschrieben wurden.

St. Moritz

WUNDERKAMMER

Der Tessiner Inneneinrichter Carlo Rampazzi
entwarf die ebenso fantasievollen wie farbenfrohen Interieurs
des Carlton-Hotels in St. Moritz. Dort wohnen
möchte er allerdings nicht. Er zieht die Unabhängigkeit,
die ihm sein kleines Apartment bietet, dem Komfort
des Fünf-Sterne-Hauses vor.

"Man liebt mich, oder man liebt mich nicht«, feixt der 63-Jährige, an einer goldgerahmten Theke stehend, die sein Wohnzimmer von der schillernden Küchennische trennt. »Wissen Sie, einmal hat mich eine Frau mit der Gestaltung ihres Hauses beauftragt. Zuvor war sie in einem meiner Hotels abgestiegen. Am Anfang hasste sie die Einrichtung dort, nach drei Tagen hatte sie sich daran gewöhnt, und am Ende konnte sie gar nicht genug davon bekommen«, erzählt er weiter. Wenn der Tessiner einen Auftrag annimmt, muss die Chemie stimmen. Dann verausgabt er sich vollständig, arbeitet fast 24 Stunden am Tag, sieben Tage die Woche. »Ich bin ein Perfektionist, auf meine Art verrückt, ein bunter Hund«, erteilt er sich einen Freibrief für seine stilistischen Kapriolen.

Die deutsche Industriellenfamilie Kipp betätigt sich seit über drei Jahrzehnten in der Schweizer Hotellerie. Sie betreibt unter anderem das Eden Roc in Ascona, das Tschuggen Grand Hotel in Arosa und das Carlton in St. Moritz. All diese Hotels wurden von Carlo Rampazzi, einem Freund des Hauses, eingerichtet. Der Engadiner Nobelherberge verpasste er im Jahr 2007 ein komplett neues Gesicht. Seitdem macht sie den in Sichtweite gelegenen Fünf-Sterne-Tempeln Kulm und Palace Konkurrenz. Rampazzis »Lifting« kam so gut an, dass zehn Aufträge für Privatwohnungen folgten. Natürlich kam der Innenarchitekt in dieser Zeit fast wöchentlich nach St. Moritz, um den Fortgang der Arbeiten zu überwachen. Weil er ab und an auch über Nacht bleiben wollte, entschied er sich kurzerhand, im Ort eine Wohnung anzumieten. Sie ist nicht groß und liegt in einem unscheinbaren Wohnblock, doch hinter der Eingangstür entbrennt ein wahres Feuerwerk an Farben, Formen und Stilen, die jedem Besucher den Atem rauben.

Die Wände, die in einem türkisfarbenen Grundton gestrichen sind, glitzern in allen Farben des Regenbogens. Mit drei Liegesofas und zwei Poufs ist das Wohnzimmer praktisch voll. Sie sind mit grellbunt gestreiftem Samt bezogen, der an die Schlaghosen der 1970er-Jahre erinnert. Zwei venezianische Mohren mit aufgemalten Leopardenjäckchen tragen Kandelaber mit bunten Lampenschirmen auf dem Kopf. Wer solche Stehleuchten entwirft, muss über ein gerüttelt Maß an Humor verfügen. Auch die kubischen Beistelltische und der gut gefüllte Barschrank sind wahre Kunstwerke. Die Möbelstücke sind mit speziell eingefärbtem Leder bezogen, das Carlo Rampazzi in seinem Studio herstellen lässt. Er beschäftigt dafür zwölf Handwerker – allesamt Könner in ihrem Metier. Doch damit nicht genug: Auch der Teppichboden wurde speziell für das Apartment angefertigt. An Accessoires wurde nicht gespart. Weil der Hausherr nicht ständig für frisches Obst sorgen möchte, türmen sich auf einer Zinnschale im Wohnzimmer mit Glas besetzte künstliche Früchte, und für einen kühlen Drink stehen stets mundgeblasene Glaskelche bereit. Natürlich sind auch Küche und Bad komplett durchgestylt – auch wenn sie klein sind.

Eigentlich sollte der aus Ascona stammende Innenarchitekt das Baugeschäft seines Vaters übernehmen. Doch in diesem Punkt enttäuschte er seine Eltern. Weil er dennoch in einem verwandten Berufsfeld arbeiten wollte, verschrieb er sich bereits als junger Mann der Interieurgestaltung. Inzwischen, nach über 30 Jahren unermüdlichen Schaffens, sind seine Kreationen auf der ganzen Welt zu finden, in New York ebenso wie in Miami, Paris, Beirut, Saudi-Arabien, München, Lugano und Zürich. Für jeden Ort ließ er sich etwas Besonderes einfallen, doch sein Stil ist unverkennbar.

Weil viele seiner Kunden im Winter nach St. Moritz kommen, ist der schrille Designer auch häufiger Gast bei den gesellschaftlichen Events des mondänen Ferienorts. Wenn er mit seiner fransenbesetzten Pelzjacke aus Los Angeles, einer orangefarbenen »Kelly Bag« von Hermès und hochhackigen Cowboystiefeln, die durchaus aus der Damenabteilung stammen können, einen Raum betritt, fallen alle Blicke auf ihn. »Doch«, so beteuert er, »ich will mich nicht im Jetset sonnen. Die Inszenierung macht mir einfach Freude. Sie ist mein Lebenselixier.«

Vorhergehende Doppelseite: Alle Möbel im Apartment von Carlo Rampazzi sind Sonderanfertigungen. Auch Wände, Decken und Teppiche wurden eigens dafür entworfen.
Rechte Seite: Dem venezianischen Mohren mit Leopardenjäckchen wurde ein Lüster auf den Kopf gesetzt. Im Vordergrund: eine der ausgefallenen Pelzjacken des Inneneinrichters.

»ICH WILL MICH NICHT IM JET-SET SONNEN. DIE INSZENIERUNG MACHT MIR EINFACH FREUDE. SIE IST MEIN LEBENSELIXIER.«

Linke Seite: Der Barschrank wurde innen und außen von Hand bemalt. Eines der Lieblingsmotive des Tessiners sind Teddybären.
Oben: Im Glasregal über der Küchenzeile steht eine Sammlung von Vasen des italienischen Architekten und Designers Gaetano Pesce.
Rechts: Auch im Bad spielte der Hausherr seinen exzentrischen Geschmack voll aus.

St. Moritz

BOGNERS BLOCKHÜTTE

Der Münchner Modeunternehmer Willy Bogner bewohnt seit über 40 Jahren die Chesetta da l'Uors am Suvretta-Hang in St. Moritz und sagt von sich selbst: »Ich bin ein Engadiner.«

Am 23. Januar 2013 ist er 71 Jahre alt geworden – und auch ein bisschen weise. In Interviews spricht Willy Bogner neuerdings davon, beruflich kürzer treten zu wollen. Was er denn dann machen werde, fragen ihn die Journalisten erstaunt. »Skifahren«, lautet seine Antwort, und Filme drehen wolle er auch wieder. Da er den Piz Corvatsch, den 3451 Meter hohen Hausberg von Silvaplana, liebt, wird er das bestimmt an dessen Hängen tun.

Etwas weiter talabwärts liegt St. Moritz. Dort gewann Willy Bogner sein erstes großes Skirennen, woraufhin sich seine Mutter Maria in den Ort verliebte. Am Suvretta-Hang ließ die »Coco Chanel der Skimode« ein Haus bauen, das so gar nicht dem alpenländischen Klischee entsprach. Ihr Mann hatte von einer Jagd in Alaska das Fell eines Kodiakbären mit nach Hause gebracht. Dazu sollte das neue Feriendomizil passen. Es wurde auf einem gemauerten Sockel

WILLY BOGNER, ST. MORITZ

IHR MANN HATTE VON DER JAGD IN ALASKA DAS FELL EINES KODIAKBÄREN MIT NACH HAUSE GEBRACHT. DAZU SOLLTE DAS NEUE FERIENDOMIZIL PASSEN.

Vorhergehende Doppelseite: Das langgestreckte Haus verfügt über einen durchgehenden Holzbalkon mit Blick ins Tal.
Oben: Im Eingang hängt der ausgestopfte Kopf eines Karibus, eines nordamerikanischen Rentiers.
Rechts: Weil die Talseite des Hauses sonnenbeschienen ist, bilden sich über dem Balkon lange Eiszapfen.
Rechte Seite: Über der Sitzbank prangt das braune Fell eines Kodiakbären, der einst Willy Bogner senior vor die Flinte lief.

in Blockbauweise errichtet, mit dicken Holzstämmen, die sich an den Hausecken effektvoll kreuzen. Doch beim Innenausbau kamen an vielen Stellen regionale Einflüsse zum Tragen. Als Sohn Willy das Haus übernahm, tauschte er nach und nach die Einrichtung aus. Seine Vorliebe für den Santa-Fe-Stil teilt er mit seiner brasilianischen Ehefrau Sônia. Von ihren Reisen nach Colorado brachten sie Stoffe, Plaids und indianisches Kunsthandwerk mit. Das farbenfrohe Bild, das über dem Sofa im Wohnzimmer hängt, zeigt einen Bogenschützen. »Es stammt von dem amerikanischen Künstler John Nieto und ist eine Anspielung auf unseren Familiennamen«, erklärt der Hausherr.

Der Suvretta-Hang ist kein normales Wohngebiet. Er ist eigentlich ein lichtes Wäldchen, das den Namen God Laret trägt. Dort stehen in respektvollem Abstand voneinander die Häuser derer, die sich diese Toplage leisten können. Neben den Bogners residieren seit Jahrzehnten die griechische Reederfamilie Niarchos, die Heinekens aus Holland und die Agnelli-Erben. Dass die ehemalige Kuhweide Mitte der 1950er-Jahre in Bauland umgewandelt wurde, kam so: Die Gemeinde wollte sich eine zum Verkauf stehende Halbinsel des St. Moritzersees sichern, doch die Eigentümer forderten einen sehr hohen Preis. Um das Vorhaben finanzieren zu können, begann man damit, Grundstücke in God Laret anzubieten – für fünf Franken pro Quadratmeter. Inzwischen werden hier schon mal hundert Millionen Franken für eine Villa auf den Tisch gelegt.

Geschäftssinn hatten die Bogners schon immer. Willy senior – elfmal deutscher Meister in der nordischen Kombination, Dritter der Nordischen Skiweltmeisterschaft von 1935 und Olympiateilnehmer –

gründete die Firma Bogner 1932 mit seiner Ehefrau Maria. Sie begannen mit dem Import von Skiern und Strickpullis aus Norwegen; einige Jahre später entwickelten sie die inzwischen berühmten Keilhosen. Bis 1960 wuchs die Belegschaft auf 500 Mitarbeiter an. Sohn Willy trat derweil in die Fußstapfen seines Vaters. Als 16-Jähriger war er bereits mehrmaliger Jugendmeister im Slalom. 1959 errang er im Abfahrtslauf das weiße Band von St. Moritz, im Jahr darauf gewann er das berühmte Lauberhorn-Abfahrtsrennen und nahm an seinen ersten Olympischen Winterspielen teil. Bereits mit 24 Jahren trat er zurück. Willy Bogner widmete sich fortan dem Filmen und der Fotografie. Seine Arbeit erregte so große Aufmerksamkeit, dass er für den James-Bond-Streifen *Im Geheimdienst Ihrer Majestät* engagiert wurde. Als Stuntman fuhr er 1969 mit hundert Stundenkilometern und einer 30 Kilogramm schweren Kamera zwischen den Beinen auf Skiern durch einen Eiskanal. Der von ihm selbst produzierte Sportfilm *Feuer und Eis* kam 1986 in die Kinos. Gleichzeitig expandierte das Familienunternehmen, das Bogner junior nach dem Tod seines Vaters 1977 übernommen hatte. Zusammen mit seiner Frau Sônia und mehreren Designteams fertigt der Unternehmer heute Entwürfe für sechs Produktlinien. Im Segment hochwertiger Skimode ist die Marke Bogner in mehr als 35 Ländern weltweit Marktführer.

Die Chesetta da l'Uors mit ihrem Interieur wie aus einem Edelwestern war in all den Jahren Familientreffpunkt, Rückzugsort, Inspirationsquelle, aber auch Basiscamp für Willy Bogners zahlreiche Film- und Fotoproduktionen im Engadin. Das soll so bleiben, auch wenn alles Weitere offen ist.

ERST ALS SOHN WILLY DAS HAUS ÜBERNAHM, TAUSCHTE ER NACH UND NACH DAS INTERIEUR AUS.

Linke Seite: So sieht es bei den Bogners nun schon seit vielen Jahren aus. Die Einrichtung im Santa-Fe-Stil ist gemütlich und zeitlos.
Oben: Das Wohnzimmer hat eine komplett verglaste Giebelseite, die viel Licht ins Haus lässt.
Rechts: Über dem offenen Kamin, der jeden Abend entzündet wird, steht die Metallarbeit eines amerikanischen Kunsthandwerkers.

Tarasp

AUF STEIN GEBAUT

Das Schloss Tarasp steht auf einem imposanten Felshügel und gilt als Wahrzeichen des Unterengadins. Vor hundert Jahren rettete es der deutsche Industrielle Karl August Lingner vor dem Verfall. Heute ist es im Besitz der deutschen Adelsfamilie von Hessen.

Jon Fanzun stapft mit einem großen Schlüsselbund in der Hand durch meterhohen Schnee. In dieser Zeit des Jahres ist die Schlossanlage nur über einen schmalen Fußweg zugänglich. Das alte Gemäuer liegt im Winterschlaf. Es ist nicht beheizt, und die Temperatur in den Innenräumen liegt unter null Grad. Die täglichen Führungen beginnen erst im Mai, doch der Verwalter steigt regelmäßig von Sparsels, dem Weiler am Fuße des Felsens, zum Schloss hinauf, um nach dem Rechten zu schauen. Vor dem mächtigen, rot-weiß gestrichenen Eingangstor hält er inne. Der Schlüssel dafür ist einer der größten und ältesten, die an seinem Ring hängen. Über dem Rundbogen prangt ein großer Doppeladler, Zeuge einstiger Pracht.

Den Grundstein zu der burgähnlichen Schlossanlage legten die Herren von Tarasp in der ersten Hälfte des 11. Jahrhunderts. Sie waren aus Norditalien ins Engadin gekommen und rodeten die Terrassen des rechten Innufers, um sich dort niederzulassen. Innerhalb kürzester Zeit gelangten sie zu Macht und erstaunlichem Reichtum. Doch schon 1239 fiel die Festung an die Grafen von Tirol. Da das Unterengadin aber zum Bistum Chur gehörte, gab es heftige militärische Auseinandersetzungen um den Besitz der Burg. Die Bündner unterlagen, und ab 1464 war Tarasp österreichische Grafschaft. Im 16. Jahrhundert wurde die Schlossanlage zur Grenzfestung ausgebaut und auf ihre heutige Größe erweitert. Der Wehrgang und die Schießscharten erzählen von dieser Epoche. Erst 1803 gab Napoleon das Schloss an die Schweiz zurück. Doch der Kanton Graubünden verkaufte es 1829 für nicht einmal 500 Franken an den Landammann von Scuol. Von da an ging es mit der stolzen Burg bergab. Mit jedem weiteren Besitzerwechsel wurde sie immer mehr ausgeplündert. Historische Möbel und Vertäfelungen landeten im Kunsthandel. Zum Schluss transportierten selbst die Anwohner der umliegenden Dörfer die hölzernen Wehrgänge und Anbauten ab, um sie buchstäblich zu verheizen.

Als Karl August Lingner Schloss Tarasp im Sommer 1900 zum ersten Mal sah, war es in einem erbärmlichen Zustand. Das Dach eingestürzt, die Mauern vom Eis gesprengt. Der Dresdner, der zur Kur nach Graubünden gekommen war, verliebte sich dennoch in das alte Gemäuer. Wenig später kaufte er es der Familie von Planta für 20 000 Franken ab. Die Summe, die er in die neun Jahre währende Restaurierung steckte, war um ein Vielfaches höher. Sein Vermögen stammte aus einer Erfindung, die ihn innerhalb weniger Jahre zum mehrfachen Millionär gemacht hatte: »Odol«. Das antibakterielle Mundwasser fand ab Ende des 19. Jahrhunderts reißenden Absatz. Der erfolgsverwöhnte deutsche Industrielle, der Sinn für Kunst und Musik hatte, pflegte fortan einen extravaganten Lebensstil. Ihm ist es zu verdanken, dass das Schloss Tarasp von dem Schweizer Burgenfachmann und Denkmalpfleger Rudolf Rahn wiederaufgebaut und mit zugekauften antiken Einbauten und Mobiliar aus dem Alpenraum neu ausgestattet wurde. Beziehen konnte Karl August Lingner sein einzigartiges Domizil jedoch nie: Kurz vor der Einweihung 1916 verstarb er unerwartet.

Als Erben hatte er seinen Freund, den Großherzog Ernst Ludwig von Hessen-Darmstadt, bestimmt. Der kam nun regelmäßig zu Besuch. Am Anfang wohnte er im Schloss, doch als die Heizung – eine der ersten Warmwasserheizungen im Kanton – nicht mehr funktionierte, zog er in das kleine Wachthaus direkt hinter dem Burgtor. Sein Sohn Ludwig und dessen Ehefrau, Prinzessin Margaret, pflegten engen Kontakt mit den Einheimischen. Heute kümmern sich ihre Enkel Mafalda, Heinrich Donatus, Elena und Philipp um den Unterhalt der Burganlage, die

nun verkauft werden soll. Damit sie nicht in private Hände fällt, wurde 2008 ein Kaufrechtsvertrag zwischen der Gemeinde Tarasp und der Familie von Hessen geschlossen. Damit sicherte sich die Gemeinde den Erwerb des Schlosses. Ob sie den geforderten Kaufpreis aufbringen kann, ist allerdings noch offen.

Vorhergehende Doppelseite: Die Wände im Festsaal sind mit roter Seide bespannt. Der Kamin aus Carrara-Marmor stammt von florentinischen Steinmetzen, die Kassettendecke ist eine Kopie derjenigen in Schloss Jever in Niedersachsen.
Linke Seite: Sparsels, ein Ortsteil von Tarasp, liegt unweit des Schlosses.
Oben: Die ehemalige Soldatenküche.

Wenn der Verwalter Besucher durch die langen Gänge, die kostbar ausgestatteten Schlafzimmer, die gefliesten Bäder und den prunkvollen Festsaal führt, scheint es, als sei die Zeit stehen geblieben. Seit der Restaurierung vor fast hundert Jahren wurden nur noch die nötigsten Instandhaltungsarbeiten ausgeführt. »Auch nach einem Verkauf wird meine Familie eng mit dem Engadin verbunden bleiben«, betont Philipp von Hessen. Der international tätige Modefotograf kommt mit seiner Frau Laetitia und den beiden Kindern Elena und Tito sooft es geht nach Tarasp. Auch Jon Fanzun wird bleiben. Seine Familie ist der Burg seit drei Generationen verbunden. Schon sein Vater und sein Großvater waren hier Verwalter.

WENN DER VERWALTER BESUCHER DURCH DIE LANGEN GÄNGE, DIE KOSTBAR AUSGESTATTETEN SCHLAFZIMMER, DIE GEFLIESTEN BÄDER UND DEN PRUNKVOLLEN FESTSAAL FÜHRT, DANN SCHEINT ES, ALS SEI DIE ZEIT STEHEN GEBLIEBEN.

Oben: Damit das Schloss bewohnt werden konnte, wurden bei der Renovierung ab 1907 eine Zentralheizung sowie Bäder mit Warm- und Kaltwasser eingebaut.
Links: Detail im Herrenschlafzimmer. Vertäfelungen und Mobiliar kaufte man in den benachbarten Tälern zu.
Rechte Seite: Das Damenschlafzimmer ist passend zum reich verzierten Bett mit Damast ausgeschlagen.

Links: Im Treppenhaus hängt ein flämischer Gobelin, der König David darstellt. Die geschnitzte Renaissance-Decke wurde aus einem Tiroler Kloster nach Tarasp gebracht.
Unten: Der Quergang beherbergt eine wertvolle Sammlung von Bleiglasscheiben mit Schweizer Wappen und Standesabzeichen. In einer Mauernische steht eine fränkische Pietà, die um 1500 datiert wird.
Rechte Seite: Die Türen des Speisesaals sind mit Intarsien und Schmiedearbeiten geschmückt. Vertäfelungen und Decke stammen aus Enticlar bei Kurtatsch in Südtirol.

DAS SCHLOSS WURDE BEIM WIEDERAUFBAU MIT IN DEN ALPENREGIONEN ZUGEKAUFTEN ANTIKEN EINBAUTEN UND MOBILIAR NEU AUSGESTATTET.

St. Moritz

STILMIX FÜR FORTGE- SCHRITTENE

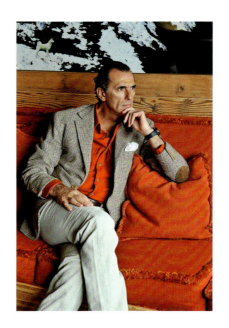

Wenn Conte Ferdinando Brachetti Peretti von Rom nach St. Moritz kommt, logiert er vergleichsweise bescheiden. Eine Vier-Zimmer-Wohnung bietet ihm den standesgemäßen Rahmen für einen Winterurlaub in »Top of the World«.

Dieser Mann hält, was sein klingender Name verspricht: Er ist ein Graf wie aus dem Bilderbuch. Der 53-jährige Conte Ferdinando Brachetti Peretti hat das Aussehen eines Dressman, Stil, Geschmack und ein vollendetes Auftreten. Er stammt aus einer der reichsten Familien Italiens und ist Chairman und CEO des italienischen Energiekonzerns api. In seinem Heimatland ist er eine prominente Persönlichkeit. Man kennt sein Gesicht aus der Wirtschaftspresse, aus Lifestyle-Magazinen und einem Bildband über den Italienischen Mann der Luxusmarke »Tod's«. Für ein Filmteam öffnete er schon mal die Türen zu seinem Apartment oberhalb der Villa Borghese in Rom. Dabei fallen nicht nur die kostbaren Antiquitäten, sondern auch die modernen Kunstwerke und Fotografien sofort ins Auge. »Stil drückt die ästhetische Vision einer Person aus. Weil er im Unbewussten entsteht, zeigt er ihren Charakter«, lautet sein Credo. »Ich habe einen ausgewiesenen Hang zum Eklektischen. Ich liebe ganz unterschiedliche Dinge, die auf den ersten Blick oft nicht zusammenpassen.«

Mit dieser Haltung ging der Aristokrat, der mit der deutschen Prinzessin Mafalda von Hessen verheiratet ist und zwei Söhne mit ihr hat, auch bei der Renovierung und Einrichtung seines Feriendomizils in St. Moritz zu Werke. Die 160 Quadratmeter große Vier-Zimmer-Wohnung verrät viel über seinen Lebensstil. Die Wahrung von Traditionen und Ererbtem ist ihm wichtig. Deshalb legte er beim Umbau auf historische Bezüge Wert. Wie in einem richtigen Chalet wurden Wände und Decken komplett mit Holz verkleidet – aber nicht mit neuen, sondern nur mit alten Brettern, die eine entsprechende Patina hatten. So schuf Brachetti Peretti schon im Eingangsbereich eine wohnliche Atmosphäre. Auch die drei Schlafzimmer und das Wohnzimmer mit angeschlossenem Essbereich wirken einladend und gemütlich. Wohn- und Esszimmerboden sind mit einem maßgefertigten schwarz-braunem Teppichboden aus 22 Kuhfellen ausgelegt. Ein fünf Meter langes Panoramafenster lenkt den Blick über die Dächer des Dorfes hinweg auf das Bergpanorama oberhalb des St. Moritzersees. Ein großes Sofa ist, strategisch geschickt, genau darunter platziert. Es wurde mit weißem Samt bezogen und bietet mindestens vier Personen Platz. Drei weitere können sich auf einem roten Diwan niederlassen. Als »Notsitze« stehen außerdem zwei zierliche alte Hocker bereit. Die spektakulärste Sitzgelegenheit im Raum aber bleibt dem Hausherren vorbehalten: die Sitzskulptur »Ekstrem«, die der schwedische Designer Terje Ekstrøm 1972 entwarf. Laut ihrem Schöpfer soll sie nicht

»ICH HABE EINEN AUSGEWIESENEN HANG ZUM EKLEKTISCHEN. ICH LIEBE GANZ UNTERSCHIEDLICHE DINGE, DIE AUF DEN ERSTEN BLICK OFT NICHT ZUSAMMENPASSEN.«

Vorhergehende Doppelseite: Vom Fenster im Wohnzimmer blickt der Hausherr auf den Piz Rosatsch.
Linke Seite: Knallige, rote Bezüge tragen die eingebaute Sofabank und die von Terje Ekstrøm entworfene Sitzskulptur »Ekstrem«.
Oben: Gleich im Anschluss zum Wohnraum wurde ein Essplatz eingerichtet. In einer antiken Anrichte ist die Bar untergebracht.
Rechts: Mit Feinsinn widmete der Italiener Einrichtung und Accessoires den Bergen und der Jagd.

nur die Freiheit des Körpers, sondern auch die Freiheit der Gedanken befördern.

Das gefällt dem Conte, in dessen Brust auch eine Künstlerseele wohnt. In seinen Werken setzt er sich – durchaus erfolgreich – mit den ernsteren Fragen des Lebens auseinander. 2011 war er auf der Biennale von Venedig im italienischen Pavillon mit Fotografien vertreten; ein Jahr später zeigte er in Madrid unter dem Titel »Hidden Soul« am Computer verfremdete Tier- und Landschaftsaufnahmen. Ausstellungen in Bologna, Mailand und Rom folgten. Einige seiner ausdrucksstarken Werke hängen auch in seiner Wohnung im Engadin und verleihen ihr eine ganz persönliche Note. Auf das Foto eines Mufflons, das über dem offenen Kamin hängt, ist er besonders stolz. Er ist für ihn nicht nur ein Kunstobjekt, sondern auch eine Trophäe. Der Conte ist nämlich leidenschaftlicher Jäger.

Auch Globen haben für ihn eine besondere Bedeutung. Im Salon seiner St. Moritzer Wohnung steht nur ein Exemplar, das für amerikanische Militärs Anfang des 20. Jahrhunderts hergestellt wurde, doch im römischen Domizil von Conte Brachetti Peretti gibt es eine ganze Sammlung. In jungen Jahren fuhr der Graf, von Fernweh und Abenteuerlust getrieben, mit dem Motorrad quer durch Europa, Afrika und Australien. Heute reicht ihm manchmal schon ein Abstecher ins Engadin. Die Söhne Cosmo und Briano sind immer gerne mit von der Partie. Sie lieben ihr gestreiftes Zimmer mit dem Etagenbett.

»ICH WOLLTE KEINEN INTERIOR DESIGNER ENGAGIEREN. DIE WOHNUNG IN ST. MORITZ SOLLTE MEIN EIGENES WERK WERDEN.«

Linke Seite: Platz gemacht: Zwischen Schlafzimmer und Bad befindet sich ein kleines Büro, in dem der Conte ungestört arbeiten kann.
Oben: Die beiden Söhne schlafen im Etagenbett. Die Wände ihres Zimmers wurden mit einem bunt gestreiften Wolltuch bespannt.
Rechts: Auch im Gästezimmer sorgen Holz, Stoffe und Kunst für einen stilvollen und gemütlichen Look.

S-chanf

VON DER SEINE AN DEN INN

Dreißig Jahre lang fotografierte Peter Vann Autos.
Mit der gleichen Begeisterung lichtet er heute die
Berglandschaften des Engadins ab. Sein Zuhause fand er
in einem 400 Jahre alten Bauernhaus in S-chanf.
Die Verbundenheit zu seiner früheren Wahlheimat
Paris ist geblieben.

Bevor Sie diese Geschichte lesen, gehen Sie bitte einmal an Ihr Bücherregal (oder das Ihres Mannes) und werfen einen Blick auf die Autobücher. Höchstwahrscheinlich werden Sie unter ihnen eines von Peter Vann finden. Mit 20 Fotobänden, deren erster in einer Auflage von 200 000 Stück gedruckt wurde, ist er der erfolgreichste Automobilfotograf, den es je gab. Dass er Schweizer ist, wissen nur die wenigsten. Weder sein Name noch sein langjähriger Wohnsitz Paris lassen darauf schließen. Seit gut zehn Jahren wohnt der gebürtige Zürcher nun wieder in seinem Heimatland, doch wie ein Eidgenosse fühlt er sich nicht. »Eigentlich bin ich gar nichts, das ist mir lieber«, sagt er. Sein Künstlerfreund David Staretz hat ihn einmal treffend als »rasanten Luxusmenschen und kratzigen Bergbohemien« bezeichnet. Schon früh entwickelte Vann eine große Liebe zu Frankreich. Mit Anfang 20, nach Abschluss seiner Fotografenlehre,

Vorhergehende Doppelseite: Das Haus liegt an der leicht abfallenden Böschung oberhalb des Inns.
Oben: In der geräumigen Galerie war einmal der Verkaufsraum des Dorfbäckers Scartazzini.
Rechts: Spielzeug für große Jungs: Gleich neben der Eingangstüre steht ein alter Flipperautomat.
Rechte Seite: Etwas erhöht zur Galerie liegt die Bibliothek. In den Regalen reihen sich die Fotobücher, die Peter Vann veröffentlichte.

DER GROSSE AUSSTELLUNGSRAUM SOWIE DIE BIBLIOTHEK, DIE ÜBER EIN PAAR STUFEN ZU ERREICHEN IST, SIND ÖFFENTLICH.

träumte er davon, Schlagersänger zu werden, und ging nach Paris. Er lernte die fremde Sprache, das Komponieren und feilte an seinem Gitarrenspiel. Schon bald hatte er einen Plattenvertrag mit Polydor und brachte einige Singles heraus – darunter »Elle a défait sa robe«. Auf dem Cover sieht man den jungen, hochgewachsenen Mann mit dem blonden Haarschopf versonnen an einem Flussufer sitzen. Zehn Jahre lang schlug er sich als Musiker durch, sang und spielte in Bars, auf kleinen und größeren Bühnen. Dann wurde er »gerettet«, wie er es heute nennt: Peter Vann begann wieder mit dem Fotografieren.

Peter Vanns Galerie ist zugleich das Entree zu seinem Wohnhaus. Der große Raum mit den weiß getünchten Wänden und dem ausgetretenen, mehrere Hundert Jahre alten Holzboden steht dem interessierten Publikum offen, genauso wie die Bibliothek, die über ein paar Stufen zu erreichen ist. Wenn Besucher klingeln, werden sie von Claudine, Peter Vanns Ehefrau, empfangen. An den Wänden hängen großformatige Schwarz-Weiß-Fotografien ihres Mannes, aber auch Arbeiten anderer ausgewählter Künstler. »Wir versuchen immer, eine gute Ergänzung zu finden«, erklärt die gebürtige Pariserin. »So, wie im Sommer 2012, als wir den österreichischen Maler Herbert Brandl ausgestellt haben. Er zeigte Monotypien nach Peters Motiven.« Dessen gestochen scharfe Bergfotos verwandelten sich unter Brandls Händen in lebhafte Gemälde, die anschließend auf Papier gedruckt wurden. Bei den »St. Moritz Art Masters 2013« wird Peter Vann sich mit einem neuen Sujet präsentieren: Tierporträts. Seine Modelle fand er in den Ställen von S-chanf – so zum Beispiel einen Hasen, der zu zwinkern scheint, ein Schaf, dessen Foto so plastisch wie eine Skulptur wirkt, oder einen Gockel, dessen »Frisur« an die des Fotografen erinnert.

Zwei Türen in der Längswand des Ausstellungsraums führen in den privaten Bereich. Sie bleiben für gewöhnlich geschlossen. Doch heute schreiten wir mit eingezogenen Köpfen durch einen Rundbogen in die Küche. Dort baumeln dicke Eisenringe vom Tonnengewölbe herab, an denen einst Lebensmittel auf-

PETER VANN WOLLTE RÄUME,
DIE GENUTZT WERDEN UND NICHT
LEER STEHEN.

Oben: In der Mitte der Küche steht ein schimmernder Edelstahlblock. Über Stufen gelangt man ins Wohnzimmer in der ehemaligen Scheune.
Links: Eine alte Wandnische wird als Regal für bunte Gläser genutzt.
Rechte Seite: Neben der Küche liegt die Stube – heute das Esszimmer der Familie. Durch die historische Türe geht es auf den Balkon mit Weitblick.

gehängt wurden. In der Mitte steht eine Kochinsel mit einer Arbeitsfläche aus Edelstahl. Peter Vann hat sie von einem Fachmann aus Chur nach einem größeren Modell aus einer Restaurantküche nachbauen lassen. Die Bodenplatten aus altem, grauem Granit bilden ein schönes Pendant zu den sanft schimmernden Edelstahlfronten der Küchenschränke. Neben dem Durchgang zur Stube haben eine goldgerahmte Picasso-Zeichnung und eine Bärenskulptur von Verena Vanoli Platz gefunden. Dieser Durchgang entstand erst bei der Sanierung des Hauses vor sieben Jahren und resultiert aus einem der wenigen nachträglichen Eingriffe in die Bausubstanz. Küche und Stube sind in Engadiner Häusern traditionellerweise nur vom Flur aus zugänglich und nicht miteinander verbunden. Peter Vann jedoch strebte eine möglichst praktische Raumaufteilung an. Davon konnte er auch seinen Architekten Christan Klainguti überzeugen. »Wir haben gut zusammengearbeitet. Christian weiß viel über die Bauweise alter Engadiner Häuser, und ich wollte meine Ideen einbringen. Für alles haben wir auf partnerschaftlicher Basis eine Lösung gefunden«, betont der Bauherr. Beim Renovieren legten sie in der Stube 400 Jahre alte Balken frei, die unter einer Holzvertäfelung von 1900 verschwunden waren. Auch der Ofen wurde seiner nachträglich angebrachten Verkleidungen entledigt und steht heute wieder so da wie zu seiner Entstehungszeit. Die schlichte Esstischgruppe hat Peter Vann selbst entworfen. Die Sitzpolster erstrahlen in dem gleichen Blau wie die Gouache von Serge Poliakoff vis-à-vis.

Das Wohnzimmer wurde in der alten Scheune untergebracht, die außen weitgehend unangetastet blieb. In die Rückwand wurde allerdings ein großes

Panoramafenster eingebaut. Wer hinausschaut, sieht unten den Inn vorbeifließen. Dieser Raum ist die Seele des Hauses. Die Wände sind mit Bildern geschmückt, die der Fotograf über die Jahre in Paris zusammentrug: eine große Collage von Michel Scarpa, mehrere Porträts, eine Anfang des 20. Jahrhunderts entstandene Aktstudie sowie ein »Schwarzbild« von Pierre Soulages. Auf dem langen Regal, in dem sich unzählige Musik-CDs aneinanderreihen, steht eine kleine Tischuhr, die unermüdlich tickt und schlägt – Peter Vann hat sie von seinem Vater geerbt. Das Familienfoto daneben zeigt das Ehepaar Vann mit Tochter Lisa und Sohn Oscar. Etwas weiter entfernt lehnt eine der ersten Motorkameras von Nikon aus den 1970er-Jahren an der Wand, und an der Ecke liegen die alten Singles, die Peter Vann einst in Paris aufnahm. Davor hat sich ein 4,60 Meter langes Sofa mit Kuhfellbezug breitgemacht. Als Sofatisch dient eine »Table d'Or« von Yves Klein aus dem Jahr 1963. Sie besteht aus einem Plexiglas-Kasten mit Glasplatte, der mit Blattgold gefüllt wurde. Auch die beiden Le-Corbusier-Sessel »LC 2« haben schon ein paar Jahre auf ihrer hellbraunen Lederhaut. Sportlich geht es am Tischfußball zu. »Der Töggelikasten ist nicht zum Anschauen da, sondern zum Benutzen. Das hier ist kein Museum«, sagt einer, der genau weiß, was er will.

Dann führt uns der Hausherr zu seiner Hi-Fi-Anlage von Burmester. Musik sei immer noch ein Teil seines Lebens, bekennt er und beginnt zu singen. Weich und geschmeidig stimmt er ein Chanson nach dem anderen an. »Je suis venu te dire que je m'en vais« von Serge Gainsbourg, »Le monde entier est un cactus« von Jacques Dutronc sind darunter. Er kann

DAS WOHNZIMMER WURDE IN DER ALTEN SCHEUNE UNTERGEBRACHT, DIE VON AUSSEN WEITGEHEND UNANGETASTET BLIEB.

Linke Seite: Im Wohnzimmer versammeln sich Kunst, Erinnerungen und Designerstücke. Den Kamin aus verrostetem Stahl entwarf der Hausherr selbst.
Oben: Der Salon bietet freie Sicht auf das Tal. Im Tisch von Yves Klein glitzert das Blattgold in der Sonne.
Rechts: Frischluft gibt es auf dem Freisitz vor der Küche.

ALLE EINBAUMÖBEL IM HAUS SIND AUS LÄRCHENHOLZ GEFERTIGT UND WURDEN SO GESCHICKT INTEGRIERT, DASS SIE KAUM AUFFALLEN.

Oben: Das Schlafzimmer liegt im offenen Dachstock neben der alten Schlafkammer, die heute ein begehbarer Schrank ist, und der Knechtekammer, in der das Bad untergebracht wurde.
Links: Die Kunstmaschine mit Melone und Feder schuf Peter Vanns Freund David Staretz.
Rechte Seite: Das Bad mit frei stehender Wanne von Philippe Starck.

es noch immer, ohne Zweifel. Wir setzten unseren Rundgang fort. Es geht zurück in die große Eingangshalle und hinauf in den ersten Stock, wo über der Stube und unter dem offenen Dachstuhl die enge, alte Schlafkammer liegt. Eine zweite Kammer noch weiter oben, in der früher vermutlich die Knechte schliefen, wurde zu einem modernen Bad mit frei stehender Wanne umgebaut. Seitlich liegt das Schlafzimmer, das mit Kunst, Trouvaillen und Souvenirs vollgestopft ist. Alle Einbaumöbel im Haus sind aus Lärchenholz gefertigt und wurden so geschickt integriert, dass sie kaum auffallen. Auch im Keller säumen die Schränke wie selbstverständlich die langen Flurwände. Hier unten befindet sich Peter Vanns Atelier, dessen Holzdecke auf das Jahr 1309 datiert wurde. Am Ende des Flurs machten die Bauarbeiter während der Renovierung eine überraschende Entdeckung. Die Wand klang so hohl, dass sie ein weiteres Zimmer dahinter vermuteten. Und tatsächlich stießen sie auf eine alte Holztür, die zu einem niedrigen Gewölbekeller führte. Darin lagert heute die umfangreiche Weinsammlung des Fotografen.

Wieso er das Haus im Sommer 2005 erwerben konnte, ist ihm bis heute nicht klar. Der Dorfbäcker Scartazzini feuerte im Keller über Jahrzehnte seine Öfen ein und verkaufte das Brot im heutigen Galerieraum. Als er starb, verfügte er in einem rätselhaften Testament, dass an dem Gebäude keine Veränderungen vorgenommen werden dürften. Nach seinem Tod stand es viele Jahre leer. Interessenten wurden beharrlich abgewiesen. Bis Peter Vann kam und die Erben sich zum Verkauf entschlossen.

Zuoz

NEU UND DOCH ALT

Die Chesa Capricorn wurde seit dem
16. Jahrhundert immer wieder um- und ausgebaut.
1956 zerstörte eine rücksichtslose Sanierung
fast alle historischen Elemente. Nun hat der Mailänder
Architekt Luca Zaniboni dem Gebäude
ein neues Gesicht gegeben.

Enge Gassen, prunkvolle Fassaden und weite Plätze. Zuoz ist ein Kleinod, wie man kaum ein zweites im Engadin findet. Jedes Stück Mauer, jede Wandbemalung, jede in Holz geschnitzte Verzierung zeugen vom Reichtum und Stolz früherer Generationen. Ihr Erbe blieb erhalten, weil das Dorf im Laufe seiner tausendjährigen Geschichte nur einmal abbrannte – was angesichts der offenen Kamine in den Häusern recht erstaunlich ist.

Um den Dorfplatz herum gruppieren sich das Hotel Crusch Alva, das um 1500 als Gerichtswirtshaus erbaut wurde, die Patrizierhäuser der einst mächtigen Familie von Planta, der Planta-Turm aus mittelalterlicher Zeit sowie die 1139 erstmals erwähnte und 1507 vollendete Kirche San Luzi, deren Glasfenster Augusto Giacometti 1930 und 1935 bemalte. An der talabwärts führenden Straße reihen sich zu beiden Seiten Häuser mit schönen Sgraffito-Mustern wie

Perlen einer Kette aneinander. Fast am Ende des Dorfes steht linker Hand ein Haus, das sich stilistisch nicht recht einordnen lässt. Es ist genauso groß wie die Nachbarhäuser, doch der hellgraue, schmucklose Putz ist glatt verspachtelt, und die Fensterbrüstungen sind exakt und sauber ausgeführt. Das klassische Rundbogenportal fehlt. Stattdessen gibt es eine schlichte Kellertür unter Straßenniveau. Der Eingang zur Chesa Capricorn versteckt sich seitlich am Haus in einer schmalen Gasse. Der Schweizer Architekt Luca Zaniboni wollte es so. 2010 baute er das Bauernhaus aus dem 15. Jahrhundert, das zuletzt als Hotel diente, für eine italienische Bauherrschaft zum Wohnhaus um.

Die Sanierung war so aufwendig, dass sie zwei Jahre in Anspruch nahm. Es wurde nicht nur das steinerne Gebäude an der Straße entkernt und renoviert, sondern auch der dahinter liegende Stall durch ein neues Apartmenthaus ersetzt. Die Schnittstelle zwischen beiden bildet nun ein lichtes, geschickt beleuchtetes Treppenhaus, in dem grauer Granit, Lärchenholz und Glas verarbeitet wurden. Auf den drei Stockwerken geht zu beiden Seiten jeweils eine Wohnung ab. Die Apartments im Neubau sind alle vermietet. Auch im Engadiner Haus wurde pro Etage eine Einheit untergebracht. Da die historische Raumfolge der Wohnungen in diesem Gebäude bereits bei einem radikalen Umbau im Jahr 1956 zerstört wurde, hatte Zaniboni, der zusammen mit dem bekannten Designer Rodolfo Dordoni in Mailand ein Büro führt, viel Spielraum bei der Planung der Grundrisse. Durch die Verlegung der Treppe gewann er zusätzlichen Wohnraum.

Ein kleiner Vorraum führt zur Eingangstür des Hausherren. Sie ist in die ehemalige, fast einen Meter dicke Außenmauer eingelassen. Hinter ihr liegt ein mit Arvenholz vertäfelter Flur, von dem – fast unsichtbar – die Türen zum Kinderzimmer und zu einem kleinen Bad abgehen. Geradeaus gelangt man in den großen Wohnraum, der von einem weißen Kubus in der Mitte in zwei Bereiche unterteilt wird: einen »gemütlichen« Teil mit einem hellen Ledersofa sowie mehreren skandinavischen Designersesseln und einen Essplatz mit einer Eckbank aus Holz. Die gemauerte Insel ist multifunktional – an den Seiten sind Regale eingelassen; darüber hinaus enthält sie hohe Einbau-

Vorhergehende Doppelseite: Dass die Stube viele Jahre blau gestrichen war, sieht man ihr heute nach der Renovierung nicht mehr an.
Links: Die Treppe liegt zwischen dem Engadinerhaus und dem neuen Trakt, der anstelle der Scheune entstand.
Rechte Seite: Die alte Stiege führt in der Stube am Ofen vorbei in die Schlafkammer darüber.

schränke zum Verstauen von Geschirr und Utensilien der puristischen, an den Essbereich angrenzenden Edelstahlküche.

Ursprünglich lag die Küche in einem Raum mit Tonnengewölbe, der zu einem geräumigen Badezimmer umgebaut wurde. Die dicken Metallringe, die in früheren Zeiten der sicheren Aufbewahrung von Lebensmitteln dienten, hängen nun als Zierrat über einer schwarzen Steinwanne. Der Waschtisch steht frei im Raum und ist, ebenso wie der Kubus im Wohnzimmer, nicht nur schmückendes, sondern auch strukturierendes Element. Mit viel Geschick schuf Zaniboni nützlichen Stauraum: Statt einer Wand trennt ein großer, von beiden Seiten zugänglicher Holzschrank das Bad vom Schlafzimmer ab. Das Bett hat praktische, von Wand zu Wand reichende Ablageflächen am Kopfende. Alle Einbauten wurden mit viel Liebe zum Detail gestaltet, jedes Möbelstück und jede Leuchte sind sorgfältig ausgewählt. »Ich habe in meiner Planung zwei Aspekte berücksichtigt: die Wohn- und Platzbedürfnisse der Familie, die hier ihre Ferien verbringt, und die Materialien, deren Wahl von der Ursprünglichkeit der Berge und den Traditionen ihrer Bewohner beeinflusst ist«, erklärt der Architekt.

Dass wir uns in einem historischen Gebäude befinden, könnte man glatt vergessen. Wäre da nicht eine niedrige, alte Tür in der Wand hinter dem Sofa. Durch sie gelangt man in die Stube, auf Rätoromanisch »Stüva« genannt, die wie durch ein Wunder vollständig erhalten blieb. Die blaue Ölfarbe, die über fünf Jahrzehnte die Arvenholzvertäfelung mit den charakteristischen Astlöchern bedeckte, konnte glücklicherweise vollständig entfernt werden. Auch der Ofen wurde generalüberholt und neu aufgebaut. Eine alte, steile Holztreppe führt nach oben in die ehemalige Schlafkammer, die man durch eine Falltür erreicht. Luca Zaniboni, der in dem Tessiner Bergdorf Airolo aufgewachsen ist, hatte zu keinem Zeit-

punkt vor, diese Luke zuzumauern. Sie wieder zu öffnen, wäre ihm aber auch nie in den Sinn gekommen – hätte sich nicht ein Freund des Hausbesitzers für die Wohnung im zweiten Stock interessiert. Welch ein Glücksfall! So kann die Klappe heute jederzeit geöffnet werden und verbindet auf originelle Weise nicht nur zwei Zimmer, sondern auch zwei Familien miteinander.

DIE WOHNUNG VERBINDET DIE BEDÜRFNISSE DER FAMILIE MIT DER MATERIALITÄT, DIE VON DER URSPRÜNGLICHKEIT DER BERGE UND DEN TRADITIONEN IHRER BEWOHNER BEEINFLUSST IST.

Linke Seite: Sowohl die Wände als auch der Essplatz wurden aus dem für die Region typischen Arvenholz gearbeitet. Dazu passen antike Stabellen, wie die Wirtshausstühle in der Schweiz heißen.
Oben: Der weiße Kubus mit offenem Kamin trennt den Raum in Wohn- und Esszimmer mit Küche. Das Feuer kann von beiden Seiten geschürt werden.
Rechts: Die Einbauküche mit Edelstahlfronten stammt von Bulthaup.

Links: Die Fassade des Hauses wurde sorgfältig renoviert und glatt verputzt. Nur die unregelmässige Fenstereinteilung ist aus früherer Zeit.
Unten: Auf dieser Seite des Wandschranks liegt das Schlafzimmer. Viele der Leuchten stammen vom italienischen Designer Michele De Lucchi.
Rechte Seite: Dort, wo heute das Bad untergebracht ist, lag ursprünglich die Küche. Man sieht es an den schmiedeeisernen Ringen und Haken, die von der gewölbten Decke hängen.

ALS SICH UNTER DEM TONNENGEWÖLBE NOCH DIE KÜCHE BEFAND, DIENTEN DIE DICKEN METALLRINGE DER SICHEREN AUFBEWAHRUNG VON LEBENSMITTELN.

Ardez

DIE HANDSCHUHMACHERIN

Helen von Albertini hat die ganze Welt bereist.
Schließlich fand sie ein Zuhause in der Heimat ihrer Familie.
Seit fünf Jahren lebt sie mit ihren Kindern
in einem Haus aus dem 17. Jahrhundert in Ardez und
entwirft die Accessoire-Kollektion »Una«.

Ein Spätsommertag wie aus dem Bilderbuch. Die Sonne entwickelt um die Mittagszeit eine solche Kraft, dass die harten Schatten das Fotografieren auf der Terrasse unmöglich machen. Also ziehen sich alle ins kühle Innere des Hauses zurück. Am Esstisch nehmen wir einen Espresso zu uns, und die Hausherrin beginnt zu erzählen. Von ihrer Ausbildung an der Textilfachschule in Zürich und der École des Beaux-Arts in Paris, über ihre Zeit in New York und ihre Arbeit als Textildesignerin für Prêt-à-porter wie für die Haute Couture. Doch Helen von Albertini beschränkt sich nicht auf das Erzählen von Geschichten, sie verarbeitet sie auch in ihren Entwürfen. Im Digitaldruck bannt sie die Motive ihrer Fotografien auf Foulards, zum Beispiel ihren anmutigen Wolfshund oder eine Landschaft im Schnee.

Die kreative Unternehmerin kehrte ins Engadin zurück, um zur Ruhe zu kommen. Vor fünf Jahren ließ

»VIELE FREUNDE SAGEN, ICH SOLLE DAS ABLAUGEN. ABER WIE KÄME ICH DAZU. NIE WÜRDE ICH ETWAS LIEBEVOLL BEMALTES ZERSTÖREN.«

Vorhergehende Doppelseite: An einem Nachmittag im Spätsommer: Helen von Albertinis Terrasse überblickt das Dorf Ardez.
Oben: Das Esszimmer ist mit Arvenholz vertäfelt, das um 1900 lackiert wurde.
Links: Vom Flur aus gelangt man direkt ins Esszimmer. Über eine Treppe geht es in den oberen Stock.
Rechte Seite: Das Büfett und die Tür wurden vor langer Zeit mit lieblichen Blümchen bemalt.

sie sich in einem fast 350 Jahre alten Haus am Ortsanfang von Ardez nieder. Es gehört ihr schon länger. Als Sohn Gion Balthasar und Tochter Greta noch klein waren, diente es der in Zürich ansässigen Familie als Urlaubsdomizil. Schließlich entschied sich Helen von Albertini, ganz nach Ardez zu ziehen. »Dieser Schritt war wichtig für mich. Ich brauchte den Abstand von meinem alten Leben in der Stadt«, erzählt sie. Ihr Kopf wurde wieder frei, und neue Ideen entstanden. Eine davon hat sie mit leidenschaftlichem Engagement in die Tat umgesetzt: Sie gründete eine Handschuhmanufaktur – bislang die einzige in der Schweiz. In Ungarn stöberte sie nach langem Suchen die nötige Grundausrüstung auf: sechs gebrauchte Spezialnähmaschinen und eine tonnenschwere Stanzmaschine mit vielen alten Schablonen. Das alles fand in einem ausgebauten ehemaligen Schaf- und Pferdestall Platz, der direkt unterhalb ihres Hauses an einem steilen Sträßchen liegt.

Zufall oder nicht – die Familie, die das Haus einst erbauen ließ, kam, wie die heutige Besitzerin, viel in der Welt herum. Zusammen mit ihrem Bruder brachen die Schwestern Mengiardi im 19. Jahrhundert nach Italien auf, um der bitteren Armut, unter der so viele Talbewohner litten, zu entfliehen. In Florenz eröffneten sie ein Hotel. Jeden Sommer verließen sie die heiße Stadt und kehrten in die kühlen Berge zurück. Auf einer alten Schwarz-Weiß-Fotografie in der Küche sind die drei verewigt. Ohne sichtbare Gemütsregung stehen sie in ihren strengen Gewändern einfach da. Das Leben muss hart gewesen sein in dieser Zeit – doch in der Fremde blieb der Erfolg auch ihnen nicht verwehrt. Sicher war das mit der Grund dafür, dass viele der »Randolinas engiadinaisas«, der Engadiner

Schwalben, die nach Italien ausgewandert waren, etwas von der Leichtigkeit der italienischen Architektur mit zurück in ihre Heimat brachten. Auch wenn die traditionelle Zweiteilung von Wohntrakt und Scheune im Innern von Helen von Albertinis Haus unübersehbar ist, lässt die Fassadengestaltung Einflüsse eines bürgerlichen Baustils erkennen, so zum Beispiel bei den Dachgauben mit den geschwungenen Dächern oder den weiß gestrichenen Kastenfenstern. Auch die Bemalung rund um die Tür- und Fensterlaibungen nimmt sich wenig bäurisch aus, selbst wenn sie entfernt an die Sgraffitos des Engadins erinnert.

Das Hausinnere birgt noch mehr Widersprüchliches, wie das Büfett im Esszimmer. Es ist lackiert und mit Blümchen verziert. »Viele Freunde sagen, ich solle das ablaugen. Aber wie käme ich dazu. Nie würde ich etwas liebevoll Bemahltes zerstören«, sagt die 59-Jährige. Sie nehme viel lieber an einem alten Tisch Platz, an dem schon viele interessante Gespräche stattfanden, als an einem neuen. Und wenn ein Möbelstück einmal kaputtgehe, dann würde sie ihn wieder brauchbar machen. Auf der Terrasse steht eine alte Korbliege, auf die sich niemand mehr zu setzen wagt. Doch Helen von Albertini hält sie eisern in Ehren, da es sich um ein Erbstück aus dem Davoser Hotel ihrer Großeltern handelt.

Inzwischen ist die Designerin wieder ausgeflogen. In Bologna sucht sie auf der Ledermesse nach den delikatesten Qualitäten. Handschuhe von Una sind kleine Kunstwerke, die mit Details wie Stickereien, Lochmustern, Federn oder Spitze glänzen. »Meine Entwürfe sind nicht nur dazu da, die Hände zu wärmen, sie sollen vielmehr ein Schmuck sein«, betont Helen von Albertini lachend.

DIE KREATIVE UNTERNEHMERIN KEHRTE INS ENGADIN ZURÜCK, UM ZUR RUHE ZU KOMMEN.

Linke Seite: Auf der Straßenseite liegt vor dem fast 350 Jahre alten Haus und der daran angebauten Scheune ein kleiner Vorgarten. Hier wärmt die Morgensonne.
Oben: Die Küche ist ein schmaler Raum, der zwischen Flur und Terrasse verläuft. Sie wurde mit modernen Eisenschränken ausgestattet.
Rechts: Über dem kleinen Sitzplatz hängen ein Stich und ein Regal mit Fotografien.

IN ZUKUNFT WILL SIE IN IHRER ZUM SHOWROOM AUSGEBAUTEN SCHEUNE NEBEN IHREN WUNDERBAREN HANDSCHUHEN UND FOULARDS AUCH OLIVEN UND WEIN AUS ITALIEN VERKAUFEN.

Oben: In der Scheune hat die Designerin einen Raum eingerichtet, den sie oft und gerne für Einladungen und als Showroom nutzt. An der Leiter hängen bedruckte Foulards aus ihrer Kollektion.
Links: Hinter dem Verkaufsraum liegt die Werkstatt, in der die Handschuhe gefertigt werden.
Rechte Seite: Der Irische Wolfshund James ruht auf einer Decke aus Afghanistan.

Samedan

FILM AB!

Der Cineast und Kunstsammler This Brunner
kommt, sooft er kann, nach Samedan.
Dort hat er sich in einem alten Patrizierhaus eingemietet.
Wenn er sein fantastisches Domizil wieder verlässt,
hat er die tollsten Ideen im Kopf.

This Brunners Terminkalender ist manchmal genauso voll wie der von George Clooney. Der Schweizer gehört der internationalen Filmszene an, ist Filmkenner, Filmliebhaber, Filmproduzent und Filmkünstler. Der Mitbegründer und ehemalige künstlerische Leiter der Zürcher Arthouse-Kinos besitzt einen exquisiten Geschmack. Schon als kleiner Junge ging er ins Kino. Das ist lange her – »rund 60 Jahre«. Was in dieser Zeit passierte? Einmal zum Beispiel traf er zufällig auf Horst Buchholz, Deutschlands Antwort auf Alain Delon. Der Schauspieler hing sturzbetrunken in einer Zürcher Schwulenbar am Tresen, bis This Brunner ihn in seine Wohngemeinschaft mitnahm, wo er wieder aufgepäppelt wurde. Auch ein denkwürdiges Weihnachtsessen mit Elizabeth Taylor ist zu erwähnen. Doris Brynner, die Grand Old Lady und Exfrau Yul Brynners, lud – »just the five of us« – in ihre Wohnung in Gstaad ein. Mit dabei waren auch der damalige Ehemann der Filmdiva, der Bauarbeiter Larry Fortensky, und das schneeweiße Hündchen Sugar. Die Kaschmirdecke mit Paisleymuster, die Brunner von ihr geschenkt bekam, ist noch immer in seinem Besitz.

Doch zurück zu seinem Terminkalender. This Brunner, in hellen Jeans auf seinem weißen Sofa sitzend, trägt vor: »Im Februar war Berlin mit den Filmfestspielen. Gerade komme ich vom Filmfestival aus Cannes und von der Biennale aus Venedig zurück. Im Juni findet die Art Basel statt, wo ich jeweils einen Film präsentiere. Anfang Juli gibt es in Arles die kleine, wunderbare Fotografieausstellung ›Les Rencontres d'Arles‹. Beim Filmfestival von Locarno sitze ich in diesem Sommer in der Jury. In der zweiten Augusthälfte sind die ›St. Moritz Art Masters‹ und die ›Engadin Art Talks‹. Die erste Septemberwoche ist für die Filmfestspiele von Venedig reserviert. Im Anschluss verbringe ich, wie jedes Jahr, mit meinem Künstlerfreund John Waters eine Woche in London – zeitgleich zur ›Frieze Art Fair‹. Im Oktober läuft das ›Zurich Film Festival‹. Anfang Dezember fliege ich zur ›Art Basel‹ nach Miami, wo ich wiederum das Filmprogramm kuratiere.«

Das klingt nicht nur anstrengend, sondern ist es auch. Dazu kommen die schätzungsweise 650 Filme, die der Zürcher jährlich sieht. Obwohl er die künstlerische Leitung der Arthouse-Kinos vor drei Jahren abgegeben hat, gehört das Pilgern von einem Film- oder Kunstevent zum nächsten noch immer zu seinem Alltag. Vor Kurzem hat er den Dokumentarfilm *Paul Bowles: The Cage Door is Always Open* koproduziert. Das Werk wurde schon auf einem Dutzend Filmfestivals gezeigt und mit Preisen dekoriert. Dreh- und Angelpunkt von Brunners Aktivitäten ist seine Wohnung am Zürichberg, die er mit Hundedame Lumpi, einer Promenadenmischung aus Kreta, teilt. Doch immer, wenn es ihm die Zeit erlaubt – im Sommer, im Winter und nicht nur an den Wochenenden –, fährt er mit ihr ins Engadin. Dort hat er vor vier Jahren eine zweite Heimat gefunden: in einem Patrizierhaus von 1856. Die Geschichte begann ganz unspektakulär mit einer Zeitungsannonce. »Sechs-Zimmer-Wohnung mit Balkon, mitten im Dorf, ruhig, sonnig, liebevoll restauriert«, hieß es da. »Ich wusste sofort: Das ist es. Und ich habe den Zuschlag dann auch bekommen«, erinnert sich der glückliche Mieter.

Vorhergehende Doppelseite: Auf dem Tisch im Entree sind bunte Windlichter arrangiert. Beide Fotografien stammen vom Schweizer Künstler Walter Pfeiffer.
Links: Die Küche: schwarz-weiße Fliesen am Boden und ein Foto von Karlheinz Weinberger an der Wand.
Rechte Seite: Typisch für ein Engadiner Patrizierhaus sind die mit Marmorimitat bemalten Vertäfelungen und lackierte Türrahmen. Auch der Holzboden blieb erhalten.

In dieser Wohnung gibt es so viel zu entdecken. Jedes Möbelstück, jedes Bild, jedes Arrangement erzählt eine Geschichte. Alles hat ihr Besitzer mit Bedacht ausgewählt und den passenden Platz dafür gesucht und gefunden. »Es ging langsam. Ich habe die Wohnung zusammen mit meiner Freundin Susanne von Meiss eingerichtet und ein Jahr gebraucht, bis sie einigermaßen aussah. Ein weiteres ging für die Feinarbeit drauf«, erzählt This Brunner. Die Mailänder Familie, die das Haus erbaute, entschied sich für eine klassische Raumaufteilung. An den Wänden des Eingangsbereichs zieht sich ein aufgemalter Marmorsockel entlang; Türen und Rahmen besitzen noch ihre ursprüngliche Lackierung. An der zur Straße gelegenen Seite reihen sich Salon, Speisezimmer und ein lichtdurchflutetes Gästeschlafzimmer aneinander. Rechter Hand des Entrees befindet sich die in Schwarz-Weiß gestaltete Küche, ihr gegenüber ein mit rotem Stoff bespanntes, zweites Gästezimmer mit Balkon. Das Bad mit Ankleide und das Schlafzimmer des Hausherrn liegen Richtung Hof und Garten. »Ich lege Wert auf schönes Licht. Das kommt vom Kino. Ich bin ein Lampenfetischist«, erklärt er. Wohl aus diesem Grund gibt es in seiner Wohnung eine beeindruckende Vielfalt an Leuchten. Antike Lüster mit schweren Kristallglasketten hängen an den Decken, und die Sitzecken, die zum Lesen einladen, sind mit Stehleuchten ausgestattet: einem dreiarmigen Original von Arteluce aus den 1950er-Jahren mit bunten Lampenschirmen, einem Klassiker von Arne Jacobsen, einer Leuchte mit Bronzefuß von En Soie, einer verchromten US-amerikanischen Rarität aus den 1950er-Jahren, einem leuchtenden Bergkristall à la Jean-Michel Franck und mattschwarz lackierten Sammlerstücken aus der Kollektion des französischen Gestalters Serge Mouille.

Auch viele Möbel stammen von großen Designern des letzten Jahrhunderts – so zum Beispiel der kantige Holzsessel mit Korbgeflecht, ein Werk des Architekten Pierre Jeanneret, die Beistelltische von Alvar Aalto

und Vladimir Kagan, die Formholzstühle von Norman Cherner und die Hocker von Charlotte Perriand. Zwei weitere Möbelstücke kommen aus dem Mailänder Atelier Piero Fornasettis: ein Paravent mit stilisierten Empiremotiven – er verbirgt den Fernseher, der »nur für die Nachrichten und politische Sendungen« angeschaltet wird – und ein Mandolinenstuhl, der in Zusammenarbeit mit Gio Ponti entstand. Um Schätze wie diese aufzutreiben, studiert This Brunner regelmäßig die Kataloge der großen Auktionshäuser. Manchmal genügt allerdings schon ein Streifzug durch die Zürcher Vintage-Läden. Oft zieht es den leidenschaftlichen Sammler auch nach Paris: »They saw you coming – dann gehe ich in eine dieser Designgalerien und verlasse sie mit einer viel zu teuren, aber wunderbaren Neuerwerbung. Ich kann einfach nicht anders«, sprudelt es aus This Brunner, der jedes Interieur mit geübter Hand bis zur Vollendung stylt. Die Heizkörperverkleidungen wurden nach alten Engadiner Vorlagen

»ES GING SEHR LANGSAM. ICH BRAUCHTE EIN JAHR, DAMIT DIE WOHNUNG EINIGERMASSEN AUSSAH, UND EIN WEITERES FÜR DIE FEINARBEIT.«

Oben: Im Wohnzimmer bringen ein Blatt von Peter Dorig und Accessoires Farbe und Leben. Die beiden Sessel mit langhaarigem Ziegenfell entwarf der Hausherr selbst.
Links: Auf dem blütenweißen Sofa liegen Kissen der amerikanischen Designerin Judy Ross.
Rechte Seite: Um eine Kette von Thomas Hirschhorn hängen Arbeiten von Elaine Sturtevan und Nils Nova sowie ein Stilleben von Jeannette Montgomery-Barron.

vom Schreiner gebaut, genauso wie der runde Retro-Esstisch. Auch die Betten und die mit Ziegenfell bezogenen Sessel sind maßgefertigte Einzelstücke. Über den Sesseln hängt ein Bild von Michel Würthle, dem Mitbesitzer der Berliner Paris-Bar. Seine Tag-und-Nacht-Szene wirft dem langhaarigen Duo ein surreales Mäntelchen über. Die kräftigen Farben des über dem Sofa platzierten Gemäldes von Peter Doig kehren in den Kissenbezügen der US-Designerin Judy Ross wieder. Im Flur sind Werke von Andy Warhol, ein Fotodruck von McDermott & McGough sowie zwei Arbeiten des britischen Romakünstlers Daniel Baker zu bewundern. »Weil die Roma einst aus dem Engadin vertrieben wurden. Außerdem steckt in dem Schriftzug ›This is shit‹ mein Vorname«, erklärt der Hausherr, den mit vielen Künstlern langjährige Freundschaften verbinden. So auch mit dem Schweizer Walter Pfeiffer, der eine Reihe von Fotografien zu der einzigartigen Kunstmelange beisteuerte. Und natürlich mit John Waters. Seitdem This Brunner 1972 einen der Skandalfilme des Regisseurs im Kino zeigte und postwendend eine Anzeige erhielt, stehen die beiden in Kontakt. Inzwischen telefonieren sie fast täglich. Nahezu 40 Werke des Amerikaners, der seit vielen Jahren als Enfant terrible der Kunstszene gilt und sich auch als Fotograf, Autor und Darsteller einer One-Man-Show einen Namen gemacht hat, gelangten so in die Schweiz. Einige davon hängen auch in Brunners Wohnung in Samedan, etwa die Filmstills im großen Gästeschlafzimmer.

Damit auch Lumpi, »das schönste Tier von ganz Mitteleuropa«, glücklich ist, macht sein Herrchen jeden Tag mit ihm eine Wanderung. Sie laufen hoch oben am Waldrand von Samedan nach Celerina, steigen dann in die Ebene hinab und folgen dem Inn, bis sie

DIE KASCHMIRDECKE, AUF DER
HUNDEDAME LUMPI LIEGT, IST EIN
GESCHENK VON LIZ TAYLOR.

Linke Seite: Das Gästezimmer bietet genug Platz für eine Sitzgruppe mit Norman-Cherner-Stühlen und einen Vintage-Schreibtisch. Urs Fischer schoss das Selbstporträt mit Katze.
Oben: Die Bilderfolgen über dem Bett stammen von John Waters. Schwarz lackierte Stehleuchten von Serge Mouille spenden Licht.
Rechts: Wohnlich und dekorativ: das mit Wollstoff bezogene Betthaupt.

»ICH LEGE WERT AUF SCHÖNES LICHT.
DAS KOMMT VOM KINO.
ICH BIN EIN LEUCHTEN-FETISCHIST.«

Oben: Im Gang zur Ankleide und zum Bad hängen große Siebdrucke von Andy Warhol.
Rechts: Kultur-Clash – eine alte Engadiner Truhe und der mit Leder bespannter Holzsessel des Brasilianers Ver Zamine buhlen um Aufmerksamkeit.
Rechte Seite: Das Schlafzimmer des Hausherrn trägt Schokoladenbraun. Die Collagen stammen vom Amerikaner Jack Pierson.

wieder zu Hause sind. »Da werde ich ungewollt zum Philosophen und finde, ohne zu suchen, Kraft der großartigen Landschaft«, erzählt This Brunner. Das Ergebnis seiner Einfälle präsentierte er Anfang des Jahres während der Berliner Filmfestspiele in der Galerie Nolan Judin: die Videoinstallation *Magnificent Obsession – The Love Affair between Movies and Literature*, eine Kompilation aus 36 Clips bedeutender Filme der 1950er-Jahre, die auf vier Bildschirmen gleichzeitig gezeigt werden. Für die Chesa Planta, das Kulturzentrum des Oberengadins, entstand eine 18-teilige Installation, in der Brunner magische Szenen aus den Bergfilmen des Schweizer Regisseurs Daniel Schmid verarbeitete. Während der »Art Masters 2013« wurden sie unter dem Dach des alten Patrizierhauses auf weiße Leintücher, den mit Mehl bestäubten Holzboden und eine mit Eselsmilch gefüllte Badewanne projiziert.

Zum Abschied schlägt Hundedame Lumpi noch einmal kurz die Augen auf. Sie liegt elegant ausgestreckt am Fußende des Bettes im großen Gästeschlafzimmer auf einer weichen Kaschmirdecke. Es ist nicht etwa irgendeine Decke, nein, es ist die Decke von Liz Taylor.

»HIER DENKE ICH DARÜBER NACH,
WIE ICH MEIN LEBEN
NOCH GESTALTEN KÖNNTE.«

Linke Seite: Ein weiteres, kleines Gästezimmer wurde ganz mit dem roten Stoff bespannt – unter Andy Warhols Mao steht eine Kristallleuchte nach Jean-Michel Frank.
Oben: Die Tür ist mit einem Regal umbaut. Davor steht der Zig-Zag Chair von Gerrit Rietveld.
Rechts: Bei schönem Wetter genießen This Brunner und Lumpi die Sonne auf ihrem Balkon.

Silvaplana

FÜNF-STERNE-ZUHAUSE

Patricia Wolf wünschte sich ein luxuriöses
Domizil für entspannte Ferien mit der Familie und
bekam ein Haus, das aus zwei eigenständigen
Gebäudeteilen besteht. Sie bieten den Bewohnern vor
allem eines: Privatsphäre.

Ins Engadin fahren ist für mich wie nach Hause kommen. Schon als Kind habe ich die Weihnachtsferien immer im Suvretta House in St. Moritz verbracht«, sagt Patricia Wolf und erzählt von dem großen Speisesaal, in dem viele Gäste ihren Stammplatz hatten, von den Abendessen, zu denen die Damen ihre neueste Garderobe präsentierten, von den Freundschaften, die die Jugendlichen von klein auf verbanden, und den Nächten, in denen sie sich, vom Portier gedeckt, aus dem Grandhotel schlichen, um mit ein paar Franken in der Tasche zum Dracula Club zu ziehen. Als die Deutsche selbst Mutter wurde, kamen die Erinnerungen umso lebhafter zurück. Inzwischen in London ansässig, beschloss sie mit ihrem Mann zusammen, diese glückliche Zeit der Kindheit wiederaufleben zu lassen und im Engadin Urlaub zu machen. Doch schon nach der ersten Woche lagen die Nerven blank. Auch wenn die Kleinen getrennt von den Erwachsenen beköstigt wurden, mussten doch alle zu festen Zeiten fein angezogen zu Tisch erscheinen. Im folgenden Jahr mietete die damals vierköpfige Familie eine Ferienwohnung. Doch auch dieser Urlaub endete mit einer Enttäuschung. Die Ausstattung ließ mehr als zu wünschen übrig, und Personal war kaum zu bekommen. Die Familie kam zu dem Schluss, dass nur ein eigenes Domizil einen entspannten Aufenthalt in den Bergen ermöglichen würde.

Doch ein Ferienhaus, das die meiste Zeit des Jahres leer steht, wollte Patricia Wolf nicht. Nie um eine Lösung verlegen, beschloss sie, ein Objekt zu suchen, das sich auch zur Vermietung eignen würde. Sie entdeckte es schließlich im Internet. Weil sie seinerzeit mit ihrem zweiten Kind schwanger war und nicht mehr fliegen durfte, schickte sie ihre Mutter zum Besichtigungstermin. Der gefiel vor allem die ruhige und zentrale Lage des Hauses, das nur wenige Schritte vom Zentrum Silvaplanas entfernt ist. »Es ist verrückt, aber ich habe das Haus gekauft, ohne es vorher gesehen zu haben«, sagt seine heutige Besitzerin. Ihre Entscheidung hat sie nie bereut. Auch nicht, als klar wurde, dass die um 1900 erbaute Chesetta, die ursprünglich einem Schmied und später der ortsansässigen Metzgerin gehörte, zu baufällig für eine Sanierung war. Der Abbruch warf zugleich die Frage auf: Was bauen? Ein Haus im alten Stil oder ein modernes Gebäude? Der Architekt Arnd Küchel fand eine salomonische Lösung: Er errichtete ein großes Haus, dessen Fassade an das Äußere eines alten Engadinerhauses erinnert, und ein schlichtes, kleineres mit grauem Putz. Beide trennt eine schmale Gasse, wie man sie aus alten, gewachsenen Dörfern der Region kennt. Das entstandene Ensemble trägt dem Wunsch der Auftraggeberin

»ES IST VERRÜCKT, ABER ICH HABE DAS HAUS GEKAUFT, OHNE ES VORHER GESEHEN ZU HABEN.«

Vorhergehende Doppelseite: Die Polstermöbel der Sitzecke sind alle mit Stoffen von Etro bezogen.
Linke Seite: Ist der Esstisch im Erdgeschoss ausgeklappt, bietet er bis zu 14 Personen Platz.
Oben: Auch in der Küche gibt es einen gemütlichen Essplatz mit Tisch, Sitzbank und Stühlen.
Rechts: Über die Treppen geht es hinauf ins Wohnzimmer oder nach unten in den Keller mit Kino, Fitnessbereich und Sauna.

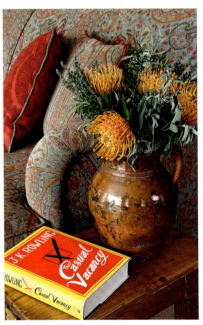

»IRGENDWIE HABE ICH EIN FLAIR FÜR DINGE, DIE ENTDECKT WERDEN WOLLEN. DAS FERTIGE INTERESSIERT MICH NICHT.«

Oben: Nach dem Skifahren entspannt man sich vor dem offenen Kamin. Der Beistelltisch war einmal eine Wäschemangel. Das Geweih an der Wand stammt von Not Vital.
Links: Gemütliche Plätze zum Lesen finden sich im Haus von Patricia Wolf genügend.
Rechte Seite: Lust auf eine Partie Backgammon oder lieber ein Spaziergang im Schnee?

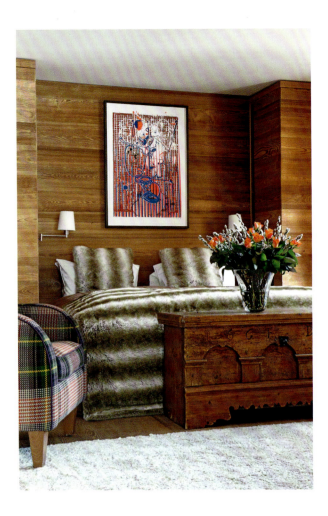

Rechnung, ihrer Familie und den Gästen so viel Privatsphäre und Freiraum wie möglich zu gewähren.

Die Arbeiten an ihrem neuen Feriendomizil begleitete Patricia Wolf von London aus. Hier hatte sie bereits zwei Stadthäuser renoviert und eingerichtet, ohne damit große Erwartungen zu wecken. Doch von den Ergebnissen waren alle begeistert. »Irgendwie habe ich ein Flair für Dinge, die entdeckt werden wollen. Das Fertige interessiert mich nicht«, sagt die umtriebige Hausherrin, die im Auftrag Walt Disneys in die britische Hauptstadt kam. Nach einem Studium der Politik und Philosophie in Princeton, dem Besuch der Springer-Journalistenschule in Hamburg und beruflichen Stationen in Berlin und Los Angeles wurde sie von dem internationalen Filmkonzern mit dem Aufbau des europäischen Talententwicklungsprogramms betraut. Eine spannende Tätigkeit – bis Patricia Wolf sich für ihre Familie entschied. Umso willkommener war die Chesetta.

Von außen ist nicht ersichtlich, dass die beiden Gebäude zusammengehören. Sie unterscheiden sich nicht nur in ihrer Anmutung, sie haben auch getrennte Eingänge. Das Haupthaus betritt man durch einen großzügigen Windfang, an den sich eine Wohnküche und ein Esszimmer anschließen. Im ersten Stock befinden sich der Salon und das Elternschlafzimmer. Unter dem Dach sind drei weitere Schlafzimmer untergebracht. Der Keller beherbergt die Technikzentrale, ein Heimkino, eine Sauna und einen gut ausgestatteten Fitnessbereich. Von hier aus führt ein zweiter Treppenaufgang ins Erdgeschoss des kleineren Nachbargebäudes. Rechts und links des Eingangs befindet sich jeweils ein Gästezimmer. Im Stockwerk darüber öffnet sich ein Wohnraum mit Split-Level bis unters Dach.

Für die Interiors durchkämmte Patricia Wolf erst einmal die einschlägigen Geschäfte in London. Auf dem Portobello Market entdeckte sie einen Geweihlüster, der heute über dem Küchentisch hängt. Alte Gussformen für Teile von Dampfmaschinen haben an der Wand neben einem der offenen Kamine Platz gefunden. Importiert wurde auch die von der Modedesignerin Vivienne Westwood entworfene Tapisserie mit Union Jack. Eine Sammlung alter Butterformen und Scherenschnitte aus der Westschweiz steuerte Mutter Wolf bei. Um die Stoffe zu besorgen, reiste Patricia Wolf extra nach Mailand. Hier besuchte sie Jacopo Etro, den Leiter des gleichnamigen Modehauses, mit dem sie einst ein Schweizer Internat besucht hatte. Gemeinsam wählten sie aus dessen Heimtextilien-Kollektion das Passende aus: einen bunt gestreiften Samt, mehrere Stoffe mit Paisley-Dessin und Karomuster und einen schönen Damast in Rot und Grün. Damit wurden die ebenfalls in Italien auf Maß gefertigten Polstermöbel bezogen. Einen wertvollen Beitrag leisteten auch die einheimischen Handwerker. Ein versierter Schreiner baute einen Esstisch aus altem Holz, dessen Platte sich auf die doppelte Größe ausklappen lässt und so Platz für bis zu 14 Personen bietet. Die Idee, antike

Truhen zu Waschtischen mit aufgesetzten Keramikbecken umzubauen, war nicht so leicht umzusetzen, mussten hierfür doch passende, nicht allzu kostbare Möbelstücke aufgetrieben werden, die zu zersägen dem Schreiner keine allzu große Überwindung kostete.

Patricia Wolf, die inzwischen bei Zürich lebt, ist stolz auf das Ergebnis: »All die kleinen Details machen die Atmosphäre des Hauses aus. Man spürt, dass es eine Seele hat.« Auch ihr Mann und die drei Kinder lieben die Chesetta. Hier kann jeder ausschlafen, im Morgenmantel zum Frühstück kommen, Lärm machen oder sich zurückziehen. Damit alles reibungslos funktioniert, wurde eine erfahrene Hotelfachfrau und Köchin eingestellt. Ein Glücksgriff. Bettina Wendorff lebt seit 20 Jahren im Engadin und arbeitete zuvor im nahe gelegenen Hotel Julier Palace. »Sie bäckt nicht nur den besten Streuselkuchen, sie ist auch die Chefin des Hauses. Ich bin nur die Eigentümerin«, scherzt Patricia Wolf. Bereits 15 Tage nach der Fertigstellung kamen die ersten Gäste. Seither vermietet sie das Haus regelmäßig. Den Gästen stehen dann auch ein englischsprachiger »Chalet-Host« und ein Chauffeur zur Verfügung. Das Serviceteam kümmert sich darum, dass am Morgen die Skipässe bereitliegen, Kutschenfahrten gebucht werden, ein Tisch im Restaurant reserviert oder ein festliches Abendessen im Haus zubereitet wird. »Einmal haben wir es geschafft, ein privates Skijöring auf dem zugefrorenen St. Moritzersee zu organisieren. Einen Tag nach dem Pferderennen«, erzählt die Hausherrin, die Freude daran hat, auch die ungewöhnlichsten Wünsche zu erfüllen. Stammkunden werden schon mal mit einer besonderen Aufmerksamkeit begrüßt, etwa einem Lebkuchenhaus vom Konditor, das wie eine Miniaturausgabe der Chesetta aussieht. Sogar als ein Mieter im tiefsten Winter täglich ein grünes Stück Wiese wünschte, um seinem kleinen Hund das Gassigehen zu ersparen, wurde eine Lösung gefunden: Patricia Wolfs Mutter begab sich mit einem Spaten in den Garten ihres Hauses am Zürichsee und stach Grassoden aus. Auch sonst steht die erfahrene Gastgeberin ihrer Tochter gerne mit Rat und Tat zur Seite. Diese weiß das zu schätzen. Manchmal, wenn sie sich nicht sicher sei, ob ein Blumenarrangement oder eine Tischdekoration gelungen ist, frage sie sich: »Wäre das jetzt gut genug für Mama Wolf?« Nur wenn die Antwort »Ja« laute, wisse sie, dass alles perfekt sei – für ihre Familie und für die Gäste.

Linke Seite: Chaletstil im Schlafzimmer: Zur Patina der Holzwände passen Pelzdecken, alte Bauernmöbel und weiche Teppiche.
Rechts: In die Dachschrägen wurden praktische Regale und eine indirekte Beleuchtung eingebaut.

»ALL DIE KLEINEN DETAILS MACHEN
DIE ATMOSPHÄRE DES HAUSES AUS.
MAN SPÜRT, DASS ES EINE SEELE HAT.«

Oben: Im Anbau gibt es einen Wohnraum auf zwei Ebenen: vor dem großen Fenster steht eine Sitzgruppe, oben ist die Küchenzeile integriert.
Links: Die Decke aus Sichtbeton bietet einen schönen Kontrast zum Holz und zu den weißen Wänden.
Rechte Seite: Neben dem Kamin hängen alte Gussformen für Maschinenteile, die die Hausherrin auf einem Markt in London entdeckte.

Champfèr

IM MÄRCHENWALD

Am Suvretta-Hang oberhalb von Champfèr
stehen Anwesen, von denen nicht wenige
mehr als hundert Millionen Franken wert sind.
Eines davon gehört dem italienischen
Jachtbauer Luca Bassani, der sogar einen
70 Meter langen Tunnel bauen ließ.

Es war einmal ein stiller Berghang, an dem im Sommer die Kühe weideten und wo zur Winterzeit der Schnee glatt und unberührt in der Sonne glitzerte. Doch dann kamen die Menschen, brachten Kräne und Bagger, bauten Straßen und Häuser und verwandelten den abgeschiedenen Ort in eine der exklusivsten Wohnlagen der Welt. Dies ist die erstaunliche Geschichte des Suvretta-Hangs, dem schönsten Teil von St. Moritz. Er ist vollständig nach Süden ausgerichtet und wird an 322 Tagen im Jahr von der Sonne beschienen. 1955 begann die Gemeinde mit dem Verkauf der ersten Parzellen, weil sie als expandierender Nobelskiort Geld brauchte. Beim internationalen Jetset stieß sie damit auf reges Interesse. Der alten Grandhotels überdrüssig, war man auf der Suche nach einer neuen Spielwiese. Fünf Franken pro Quadratmeter kosteten die Grundstücke. Die glücklichen Käufer verpflichteten sich, innerhalb der folgenden zwei

Jahre zu bauen. So sollte dem lokalen Gewerbe unter die Arme gegriffen werden.

Noch heute stehen viele dieser von großen, umzäunten Gärten umgebenen Häuser. Zum Beispiel das Schlösschen im Tudorstil, in das der Schah von Persien einzog, Herbert von Karajans Alpenvilla mit markant geschwungenem Schindeldach, das Blockhaus, das die Eltern von Willy Bogner errichten ließen, die Chesa Murezzan, die Rodolfo Gucci erbaute, lange bevor sich seine Familie zerstritt, und das kleine, romantische Chalet L'Oiseau Bleu, das bereits 1929 fertiggestellt wurde und heute ebenfalls zum Besitz der Gucci-Erben gehört. Da die Grundstücke großzügig bemessen waren, blieb viel Fläche frei. Und obwohl in den letzten 58 Jahren immer mal wieder ein neues Haus gebaut wurde, sind die Abstände bis heute so gehalten, dass sich die reiche Nachbarschaft nicht in die Quere kommt. Sollte es dennoch brenzlig werden, wird schon mal der Anwalt eingeschaltet. Doch wenn es nottut, schließt man sich auch zusammen: Als 2009 der Ausbau des am selben Hang gelegenen Hotels Suvretta House von der Gemeinde für gut befunden wurde, bildete sich eine Interessengemeinschaft, die bis vors Bundesgericht zog. Nun wird geprüft, ob nicht doch auf den Bau zusätzlicher Suiten verzichtet werden kann. In jüngster Zeit verzeichnet der Hang, dessen Quadratmeterpreise inzwischen um mehr als das Tausendfache gestiegen sind, auch Neuzugänge aus Osteuropa. Ein polnischer Milliardär baut hier das größte Einfamilienhaus der Schweiz, mit sechs Stockwerken unter und zwei Stockwerken über Tage.

Luca Bassani gehört zu den Alteingesessenen. Schon als Kind kam er mit seinen Eltern ins Oberengadin. Vor 14 Jahren baute sich der Spross einer italienischen Unternehmerdynastie dann sein eigenes Feriendomizil. Die Chesa Musi liegt in einem Wäldchen südwestlich des Suvretta House und oberhalb von Champfèr. Obwohl sie am unteren Teil des Hangs steht, kann der Blick von der Terrasse aus weit über den Champferersee und den Silvaplanersee hinaus auf den Munt Arlas, den Fuorcla Surlej und den Piz Corvatsch schweifen. Fichten und Lärchen stehen hier gerade so dicht beieinander, dass sie den Rehen und Hirschen, die sich an den Winterabenden um die Futterkrippe unterhalb des Hauses versammeln, ausreichend Schutz bieten. »Die Stimmung in den Bergen ist einfach fantastisch. Hier findet jeder Ruhe und Frieden. Einen Alltag gibt es nicht«, philosophiert der 56-jährige Italiener mit Wohnsitz in Monaco. Er ist ein erfolgreicher Bootsbauer – der kreative Kopf der Firma Wally, deren Jachten schon mehrfach mit dem Designpreis Compasso d'Oro ausgezeichnet wurden.

Über eine gewundene, steile Zufahrt, die bei Eis und Schnee nur befahrbar bleibt, weil sie beheizt wird, gelangt man auf den mit dicken Flusskieseln gepflasterten Vorplatz. Das sich direkt anschließende, lang gestreckte Gebäude mit gemauertem Sockel und hölzernen Aufbauten besitzt nicht nur aufgrund seiner Materialien, sondern auch wegen seines mächtigen Vordachs mit freiliegenden Zug- und Stützbalken einen burgähnlichen Charakter. An manchen Stellen kragt das Dach so weit vor, dass man es im Winter vom Schnee befreien muss, damit es unter der Last nicht einstürzt. Die Eingangstür mit dem ausladenden Rundbogen wirkt mittelalterlich rustikal. Der Churer Architekt Werner Wichser nutzte diese Elemente, um dem Gebäude einen majestätischen und gleichzeitig bodenständigen Ausdruck zu verleihen. Der Mailänder Innenarchitektin Serena Anibaldi bot es die perfekte Kulisse für die Umsetzung ihres Gestaltungskonzepts.

Der Eingangsbereich des mit zwölf Schlafzimmern, 17 Bädern, zehn Garagenplätzen und ausreichend Personalunterkünften ausgestatteten Anwesens gibt sich wohltuend zurückhaltend. Dafür hat es schöne Details zu bieten: Die Wände sind blau getüncht, und der Boden ist mit breiten, unbehandelten Fichtenholzdielen ausgelegt. Runde »Disco«-Leuch-

Vorhergehende Doppelseite: Auf der Sonnenterrasse vor dem Wohnzimmer, stehen Liegestühle bereit.
Linke Seite: Das Gebäude aus Stein und Holz zieht sich am bewaldeten Suvretta-Hang entlang.
Rechts: In der Eingangshalle empfängt die Ankommenden ein offener Kamin. Die Deckenleuchten »Disco« bilden ein Sternbild nach.

»DIE STIMMUNG IN DEN BERGEN IST
EINFACH FANTASTISCH.
HIER FINDET JEDER RUHE UND FRIEDEN.
EINEN ALLTAG GIBT ES NICHT.«

Vorhergehende Doppelseite: Traumtag mit Traumaussicht – vor den großen Fensterfronten des Wohnzimmers liegt das Corvatsch-Massiv im strahlenden Sonnenschein.
Oben: Obwohl das Haus eine stattliche Größe hat, wirken die Interieurs gemütlich und warm.
Links: Neben der Sitzgruppe gibt es noch einen intimen Kaminplatz.
Rechte Seite: Im Esszimmer sind Wände und Möbelfronten mit hellblauem Stoff bezogen.

ten von Santa & Cole simulieren an der Decke ein Sternbild. Die Türen sind vollständig mit glänzendem Kupfer verblendet. Auch vor dem mit grauem Granit eingefassten Kamin liegt eine Kupferplatte. Die Feuerstelle ist an zwei Seiten offen, und wer sich bückt, kann einen Blick ins Esszimmer werfen. Zunächst gelangt man jedoch in den großen Wohnraum mit einer durchgehenden, nach Süden ausgerichteten Fensterfront und einer Terrasse davor. Zwei helle Stoffsofas, elegante Holzsessel, ein Eames Lounge Chair und die Le-Corbusier-Liege »LC 4« gruppieren sich um einen niedrigen Tisch – bequeme Logenplätze, die dazu einladen, den Blick über die Bergkulisse schweifen zu lassen. Daneben wenden sich zwei dunkelbraune Ledersessel einem weiteren offenen Kamin zu. Die dritte Sitzgruppe ist ganz der digitalen Unterhaltung gewidmet. Ein offener Durchgang führt ins Esszimmer. Hier steht ein Tisch mit verchromtem Gestell und massiver Holzplatte auf einem bunten Kelim. Die Stühle stammen von dem dänischen Gestalter Hans Wegner. Die beiden Deckenleuchten »Pierre ou Paul« – Entwürfe von Ingo Maurer – sind aus gehämmertem Aluminium gefertigt, das innen mit Gold beschichtet wurde. Der Schulterschluss zwischen den traditionellen Bauelementen aus Fichtenholz und modernen Designerstücken gelingt hier besonders gut. Schranktüren und Wände wurden mit hellblauem Leinen bezogen. Es strahlt Behaglichkeit aus – was Serena Anibaldi, die schon mehrere Jachten für Wally ausstattete, bewog, auch in den Schlafzimmern im ersten Stock darauf zurückzugreifen. Für das Reich des Hausherrn, das direkt unter dem offenen Giebel liegt, wählte sie eine beigefarbene Stofftapete. Diese zieht sich bis zur Galerie hinauf, die mit einem Schreib-

DEN WOHNLICHEN EFFEKT VON STOFF-
TAPETEN NUTZTE DIE EINRICHTERIN,
DIE SCHON MEHRERE JACHTEN FÜR WALLY
AUSSTATTETE, AUCH IN DEN SCHLAF-
ZIMMERN IM ERSTEN STOCK.

Oben: Das private Reich des Jachten-
bauers erstreckt sich über zwei Etagen
im offenen Giebel zum Tal hin.
Links: Die textile Wandverkleidung im
Schlafzimmer schafft nicht nur eine
besondere Atmosphäre, sondern auch
eine angenehm gedämpfte Akustik.
Rechte Seite: In den Bergen sind die
Gedanken frei: der Arbeitsplatz von
Luca Bassani.

tisch ausgestattet ist. Weiße Wände gibt es nicht einmal im Bad. In den anderen vier Schlafzimmern in diesem Teil des Hauses erstrahlen sie entweder in Blau oder in Rot.

Auch für die Auswahl des Bilderschmucks zog Luca Bassani eine Expertin zu Rate. Die Mailänderin Silvana Turzio stellte für ihn eine Sammlung von Fotografien mit Alpenmotiven zusammen. Darunter befinden sich Arbeiten von Patrick Tosani, Antonio Biasiucci, Thomas Flechtner sowie historische Aufnahmen der Gebrüder Bisson. Naturschönheiten ganz anderer Art zeigen die Aktfotografien von Gunter Sachs, die über einer alten Truhe im Eingang und hinter dem Heimtrainer im Untergeschoss hängen. Nebenan gibt es noch eine Sauna, einen Hamam und ein Spa mit Massageliegen und Yogamatten. Über eine Treppe gelangt man zu einem Squash Court und einem Pool, in dem der Hausherr gerne seine Wally-Modelle fahren lässt. »Hier bin ich eigentlich nur, wenn das Wetter schlecht ist. Scheint die Sonne, stehen wir den ganzen Tag auf den Skiern«, sagt Bassani, der in den Wintermonaten einen privaten Skilehrer beschäftigt. Sein größter Luxus ist jedoch eine unterirdische Zufahrt, die zu einem vor Kurzem errichteten Nachbargebäude führt. Da die schmale Straße, die zu dem Gebäude führt, nur im Sommer befahrbar ist, muss das Auto im Winter mit dem Lift zu einem etwa 70 Meter langen Tunnel befördert werden. Er endet am Vorplatz der Chesa Musi 2. Die ist zurzeit an einen polnischen Bauherrn vermietet, dessen Suvretta-Residenz erst in zwei Jahren bezugsbereit sein wird. Danach will Luca Bassani die Villa an seine drei Kinder übergeben. Für die kommende Generation ist also vorgesorgt.

IM POOL LÄSST DER HAUSHERR
BEI SCHLECHTEM WETTER GERNE SEINE
WALLY-MODELLE FAHREN.

Linke Seite: Luxus pur im Untergeschoss: Hier gibt es einen Fitnessraum, eine Sauna, einen Hamam und Massageliegen.
Oben: Auch vor der Schwimmhalle der Chesa Musi liegt eine große Terrasse mit traumhaftem Bergblick.
Rechts: Spiel gefällig – vor dem Squash Court steht ein Billardtisch.

St. Moritz

UND ES SOLLTE DOCH ST. MORITZ SEIN

1965 stand der frisch gebackene Journalist
Jürg Marquard zum ersten Mal vor dem Badrutt's Palace
in St. Moritz. Dessen Türen blieben damals
verschlossen. Fast 30 Jahre später bezog er – inzwischen
ein erfolgreicher Verleger – seine Traumsuite
im Turm des Grandhotels.

Kaum hatte er das Abitur in der Tasche, zog er los: Die Frauenzeitschrift *Annabelle* hatte den gerade 20-jährigen Jürg Marquard beauftragt, eine Reportage über noch unbekannte Schweizer Wintersportorte zu schreiben. In der Nebensaison besuchte er auch das mondäne St. Moritz. Eine halbe Stunde brauchte er, um vom Bahnhof in den Ort und wieder zurück zu laufen – die Straßen waren menschenleer, und die Türen des Grandhotels, in das er so gerne einen Blick geworfen hätte, mit Brettern verriegelt. So gab er seiner Reportage den Titel »Es muss nicht immer St. Moritz sein«.

Wer diese Episode kennt, mag erahnen, warum Jürg Marquard sein Penthouse im Turm des Badrutt's Palace als seinen Lebenstraum bezeichnet. Der Schweizer hat in den Jahren nach 1965 als Verleger ein Vermögen verdient. Mit einem Startkapital von 2000 Franken, die er sich von Freunden geliehen hatte, gründete er die Jugendzeitschrift *Pop*, erwarb später die Lizenz für die deutsche *Cosmopolitan* und gab die nicht weniger erfolgreiche Frauenzeitschrift *Joy* heraus. Er war einer der Ersten, die das Potenzial des osteuropäischen Zeitschriftenmarktes erkannten, und ergänzte sein Verlagsprogramm zur rechten Zeit mit Titeln aus den Bereichen elektronische Unterhaltung und Multimedia. Seit 20 Jahren wird er auf der Liste der Hundert reichsten Schweizer geführt. Damit erübrigt sich die Frage, warum die Inhaber des Badrutt's Palace sich 1991 an ihn wandten, als sie nach dem Auszug von Gunter Sachs das Turmapartment neu vergeben wollten. »Sie suchten einen solventen Mieter mit einem gewissen Glamourfaktor, der bereit war, zu investieren und sich langfristig zu binden«, sagt Jürg Marquard heute. Er war damals gerade auf Hochzeitsreise mit seiner zweiten Frau und residierte im Hotel Eden Roc im französischen Cap Ferrat. Am Morgen nach dem Anruf flog er mit dem Privatjet ins Engadin. Natürlich gefiel ihm das Projekt. Doch er stellte Bedingungen. »Ich wollte eine richtige Wohnung für meine Familie. Ich hatte ja gerade geheiratet«, erzählt er. Das Platzproblem löste man, indem ein 250 000 Liter fassender Warmwassertank aus dem Dachstock entfernt wurde. So entstand zusätzlicher Wohnraum. Auch eine Küche wurde den Hindernissen zum Trotz eingebaut. »Ich wollte unabhängig sein und meinen eigenen Koch mitbringen. Außerdem, rechnen Sie doch mal, was das kosten würde, wenn wir immer Room Service bestellen würden und jede Flasche Wasser aus der Minibar käme«, führt Jürg Marquard mit einem Augenzwinkern weiter aus, und man versteht, wieso dieser Mann geschäftlich so erfolgreich ist.

Doch das schmälert seine Großzügigkeit in anderen Dingen nicht. Der traditionelle Silvester-Apéro ist ein fester Termin im Kalender der Reichen und Schönen, die jeden Winter nach St. Moritz pilgern. Jürg Marquard richtet ihn seit »mindestens 15 Jahren« aus. Genau kann er sich nicht mehr erinnern, wann er seine Freunde zum ersten Mal spontan von der Skipiste weg einlud, vor dem Fest noch auf einen Drink bei ihm vorbeizukommen. 15 oder 20 Personen waren es damals. Doch es wurden von Jahr zu Jahr mehr, sodass der Verleger irgendwann beschloss, statt des spontanen Treffens einen offiziellen, festlichen Empfang auszurichten. Seitdem gibt es eine Gästeliste, und es werden Einladungen verschickt.

Verantwortlich für die gesamte Organisation ist Ehefrau Raquel. Schon im August lässt sie die Karten drucken – mit Türmchenlogo auf farbigem Grund – und überlegt, wer dieses Mal zu einem Besuch in die private, oberste Etage des Palace gebeten wird. Schließlich werden sämtliche Couverts handschriftlich adres-

siert. Natürlich gilt es auch, eine passende Robe zu wählen. Ein Vergnügen, das alle Damen teilen, die dem Turmherrn die Ehre erweisen. Am 31. Dezember um 19 Uhr ist es dann so weit. Gereicht werden hausgemachte Amuse-Bouches vom Privatkoch: Mousse de Foie gras, Lachstatar mit Limetten und Koriander, Kartoffel-Espuma mit Trüffeln und Sauerrahm, thailändische Fleischbällchen und Green-Curry-Shots mit Zitronengras und Kokos – dazu natürlich Champagner. »Ich begrüße jeden Gast mit Handschlag und den in der Schweiz üblichen drei Bussis«, erzählt Raquel Marquard, die schon am Morgen die ganze Etage mit roten Amaryllen, Tannenzweigen und Kerzen dekoriert. »Jürg ist mit einem Drink in der Hand unterwegs und führt Gespräche. Nirgends trifft man sich so konzentriert wie hier. Um 21 Uhr brechen dann alle wieder auf, um rechtzeitig zu ihren Silvesterpartys zu kommen.« Als die Marquards die Winterferien 2011 ausnahmsweise einmal auf ihrer Jacht in der Karibik verbrachten, erreichten sie aus St. Moritz nicht nur Neujahrsgrüße, sondern auch einige SMS-Nachrichten, die ihr Fehlen bitter beklagten.

Vorhergehende Doppelseite: St. Moritz von oben gesehen: Die exklusive Schweizer Feriendestination liegt auf 1856 Metern Höhe.
Linke Seite: Das Hotel Badrutt's Palace wurde 1896 eröffnet und ist seitdem imposantes Wahrzeichen des Ortes. Die Turmsuite erstreckt sich über drei Etagen unter dem grünen Dach.
Oben: Weil die Balkone verglast sind, hat man selbst vom Sofa im Wohnzimmer aus einen wunderbaren Blick auf die Bergwelt ringsum.

»ICH WOLLTE EINE RICHTIGE WOHNUNG FÜR MEINE FAMILIE. ICH HATTE JA GERADE GEHEIRATET.«

Oben: Eine Ecke der Wohnetage ist mit cremeweiß lackiertem Holz vertäfelt und mit Stilmöbeln ausgestattet. An den Wänden hängen Bergmotive bekannter Künstler.
Links: Stoffe, Kissen und Porzellan von Pierre Frey verschönern das gemütliche Frühstückszimmer.
Rechte Seite: Komm an meine Seite – zwei Geweihsessel mit roten Bezügen bieten warme Plätze vor dem Kamin.

NUR EINGEWEIHTE WISSEN, WO DER PRIVATE AUFZUG LIEGT, MIT DEM MAN DIREKT IN DEN VIERECKIGEN TURM GELANGT, DER WIE EIN ADLERHORST ÜBER DEM ACHTSTÖCKIGEN GRANDHOTEL SITZT.

Linke Seite: Die Arvenholzstube mit aufwendigen Einlegearbeiten und Schnitzereien wurde von einem Engadiner Schreiner gefertigt.
Oben: Hinter den Fenstern in der schön bemalten Kuppel verläuft ein Gang, von dem die drei Gästezimmer abgehen.
Links: Kannelierte Arvenholzsäulen und ein runder Intarsienboden akzentuieren das Entree mit Atrium.

Nur Eingeweihte wissen, wo sich der private Aufzug befindet, mit dem man direkt in den viereckigen Turm gelangt, der wie ein Adlerhorst auf dem achtstöckigen Grandhotel thront. In der untersten Etage des Turms liegen die Wohn- und Repräsentationsräume: ein großer Salon mit cremeweiß vertäfelten Wänden und einer eleganten Polstergruppe, daneben eine mit Arvenholz vertäfelte Stube mit einem ovalen englischen Esstisch und passenden Nussbaumstühlen. Im Kaminzimmer fallen schwere, rot gepolsterte Sessel ins Auge, deren Gestelle aus mächtigen Geweihen im amerikanischen Aspen gefertigt wurden. An den Wänden hängen Landschaftsbilder mit Bergmotiven von Gottardo Segantini, Valentin Roschacher und Alois Carigiet. Das Frühstückszimmer – es liegt nur ein paar Schritte von der Küche entfernt – hat die Hausherrin mit Stoffen und Porzellan mit Alpendekor von Pierre Frey aus Paris ausgestattet. Besonders beeindruckend sind die beiden mit verglasten Geländern eingefassten Balkone. So hat man vom Essbereich aus einen unglaublich schönen Blick auf den St. Moritzersee und den Piz Rosatsch. Um die Ecke sieht man die Via Serlas und die Corvigliabahn.

Eine Wendeltreppe führt unter einer Kuppel hinauf in den ersten Stock. Die Kuppel ist mit Ornamenten bemalt, die sich in ganz ähnlicher Weise auch an den Fassaden alter Engadinerhäuser finden. Hier oben sind drei Schlafzimmer untergebracht, deren Wände mit rotem, blauem und grünem Stucco Veneziano verputzt sind. Holz, Pelz und Karostoffe sorgen für ein gemütliches alpenländisches Ambiente. Originelle Details wie gefiederte Lampenschirme oder ein rot bezogener Sessel mit goldenem Kordelfries dürfen in diesem glamourösen Haushalt aber nicht

»HIER OBEN SIND WIR VÖLLIG UNGESTÖRT. WIR HÖREN KEINEN LAUT UND SIND DOCH MITTEN IM GESCHEHEN. DAS IST FANTASTISCH UND EINFACH EINMALIG.«

Linke Seite: Auf der zweiten Etage verjüngt sich der Turm immer mehr, sodass die Räume bereits in der Dachschräge liegen. In das Gästezimmer mit hellblauen Wänden passen kaum mehr als Bett und Sessel.
Oben: Wer im grünen Zimmer schläft, ruht unter einer großen Pelzdecke.
Rechts: Zwischen roten Wänden darf es ruhig etwas üppiger sein. Dementsprechend schmückt sich der Damensessel mit einem goldenen Kordelfries.

fehlen. Die letzten Treppenstufen führen ins große Schlafzimmer. Es nimmt den gesamten Dachspitz ein, und aus den vier Gaubenfenstern genießt man einen wunderbaren Rundumblick. In der Mitte steht ein großes Doppelbett, an dessen Kopfende ein reich verzierter Arvenholzschrank platziert ist. Er lässt sich an beiden Seiten ausziehen und bietet dadurch viel Stauraum für Kleider und Wäsche. Dahinter ist das Bad eingebaut. »Hier oben sind wir völlig ungestört und doch mitten im Geschehen. Selbst wenn in der Silvesternacht über 2000 Leute im Palace Hotel herumtoben, ist im Turm davon kein Laut zu hören. Das ist fantastisch und einfach einmalig«, bekräftigt der Verleger sein Glück.

Da wäre noch das Thema Gunter Sachs. Wird vom Turm gesprochen, fällt sein Name, obwohl der deutsche Industriellenerbe das Penthouse, das zu seiner Zeit eher einer Pop-Art-Installation als einer Wohnung glich, schon vor mehr als 20 Jahren räumte. »Das ist überhaupt kein Problem für mich. Gunter Sachs war eine Ausnahmeerscheinung. Er war brillant und bewundernswert in jeder Beziehung«, betont Jürg Marquard. Der Mann hatte Stil. Kein Wunder bei dieser Umgebung.

Oben: Nun ist das Geheimnis gelüftet: So sieht das höchstgelegene Bett des Palace aus. Unter der Turmspitze strahlen die Wände so gelb wie die Sonne, die auf vier Seiten durch große Dachgauben hereinblinzelt.
Rechte Seite: Das Bad versteckt sich hinter dem mächtigen Kopfteil des Bettes, das zugleich auch ein Schrank ist.

Deutsche Originalausgabe
Copyright © 2013 von dem Knesebeck GmbH & Co. Verlag KG, München
Ein Unternehmen der La Martinière Groupe

Fotografien © 2013 Reto Guntli, außer: S. 142 © Oliver Beckmann
Texte © 2013 Marie Christine Halter-Oppelt

Gestaltung: Fabian Arnet, Knesebeck-Verlag
Satz: satz & repro Grieb, München
Herstellung: VerlagsService Dr. Helmut Neuberger &
Karl Schaumann GmbH, Heimstetten
Lithografie: Reproline mediateam, München/Unterföhring
Druck: Print Consult, München
Printed in the EU

ISBN 978-3-86873-566-6
Alle Rechte vorbehalten, auch auszugsweise.
www.knesebeck-verlag.de